大匠之门·齐白石研究 第十辑

湘潭市齐白石纪念馆 编

湖南人民出版社

　　《大匠之门·齐白石研究》，是齐白石故乡创办的一个关于齐白石研究的学术刊物。鉴于真正的学术研究，实际上是对艺术家的艺术与人生的思辨。既是思辨，就不是简单肯定乃至无本戏说。诚如此，我们力倡在比较与鉴别中促进齐白石研究这一恒久工程的推进，将真实性视为本刊之铁律，因此，所刊文章力求做到无一事一物无出处，从而对齐白石的艺术人生进行具有历史现场感的还原，客观、全面地把握齐白石的一生及其所取得的艺术成就，使本刊成为一部"信史"。我们也不划一文体属性的规约，尤其欢迎深度叙述，较好地拓展叙述的张力，显现出本刊独特的学术价值。

　　齐白石是一个有文化精神高度的大师，齐白石的故乡人编辑《大匠之门·齐白石研究》，既顺理成章，又更加需要费尽思量。一百五十四年来，这位乡贤许多生动有趣的心路履迹在这里萦绕不断，久远的文脉渊源需要认真缕析，丰富的文化蕴藏需要深度挖掘，众多的历史遗痕需要艰难寻觅。故而我们说大匠齐白石是座富矿，宝藏不尽，开采不止。

　　艺术是人类共同的精神财富。承传和弘扬优秀的文化艺术，是一代代后来者的责任和使命。编辑《大匠之门·齐白石研究》，既是对齐白石艺术才华的赞扬和肯定，也意味着对这位世界文化名人的真诚致礼。齐白石的艺术作品，在时间、创造力和生活的意义这张巨大的画布上留下了一道道深刻的痕迹。而守护和弘扬这份弥足珍贵的民族文化，亦即对一种民族身份的认同，在当今国际语境中也具有重要意义。

深入和拓展齐白石艺术人生的研究，是本馆、本刊诸同道之素心所向，我们希望它能勾起所有钟爱白石艺术者对齐白石艺术人生这一"美好与光明事物"的天然亲切感。当然至关重要的是，渴望它能给齐白石研究这一领域带来新鲜的思路、深入的思考、强烈的好奇心。我们随时都在等待这个时刻的到来。

目录

齐白石论[1]

刘曦林

中国现代画家中，唯有他获得了文化部颁发的"中国人民杰出的艺术家"荣誉奖状，唯有他获得了世界和平理事会颁发的国际和平奖金；唯有他被世界和平理事会推举为世界文化名人。

其实，他又是那么普通和平凡，曾是中国几万万农民中的一员。他从民间走来，带着满身的泥土，步入了文人画的堂奥，最后又魂归民间，用文人的墨汁浇灌了满园的芋头和白菜。

齐白石的贡献，并不在于承传了诗、书、画、印合一的中国文人画传统，而在于他从内涵上实现了文人画向民间化、大众化的转变， 同时从形式上实现了由文人画的古典神韵向现代审美意味的转变。当他成为一个文人画家之后，也没有忘记他的农民本色，他仿佛是一个调皮的乡下孩子，掬一捧乡野的泥土洒向了宣纸，又凭借农民的智慧和幽默创造了那么多令人回味不尽的艺术情趣，为文人画平添了许多勃勃生机。

激进的改革派人物认为中国画当时已经衰败，他们几乎宣判了文人画的"死刑"，认为只有西画的写实主义才可以挽救中国画的命运时[2]，齐白石的成功，显示了源远流长的中国画仍然具有顽强的生命力，中国画不仅可以在和西画的交融中获得新生，而且可以在中国画自身的基础上实现其由古典形态到现代形态的变革，文人画也可以在和本民族的民间艺术的融合中放射出新的光华，以新的情和新的意、新的形和新的色走向世界，赢得全人类审美向善的心灵。

生平论

星塘老屋后人

——齐白石自号

鲁班门下

——齐白石印语[3]

画吾自画自合古，何必低首求同群

——陈师曾题齐白石画

君无我不进，我无君则退

——齐白石题陈师曾画

星塘老屋旧址

　　清同治二年，农历癸亥年十一月二十二日，即公元 1864 年 1 月 1 日，齐白石诞生于湖南湘潭杏子坞星斗塘的一个贫苦农民之家，故后来自号杏子坞老民、星塘老屋后人、湘上老农，他从不隐讳自己的农家身世。正是这位农民的儿子，这位从不忘记、从不隐讳自己身世的艺术家，以农民不知疲倦的劳动态度在艺海里耕耘了将近一个世纪，又在他数万件艺术作品里自然而然地流露出农民的情趣和农民的本色。这位曾在艺途上陷于困惑的画家，曾经在古代文人画的圈子里挣扎了大半个世纪的艺术家，在相当长的一段时日里，没有自觉地意识到自我和把握到自我，而当他清醒地意识到一个农民的生活经历和审美趣味是他艺术的生命所在时，才实现了艺术的变革，才找到了艺术的自我，才有了真情实感的流露，才有了齐白石之所以是齐白石的人格和艺术的根本所在。并非是家庭出身决定艺术家的成长路径，也并不应以此作为认识所有艺术家的出发点，只有艺术家的特殊身世深刻地影响了他最终的艺术选择和审美倾向时，这个议题才显示出它应有的价值。

　　笔者曾访问齐白石的故乡，那是衡山以南的一个乡村。当齐家的后代带着两腿泥巴热情地招呼我时，当他用沾满泥土的手将急忙摘来的黄瓜拧了两截递给我时，我感到了农民的质朴和泥土的芳香。齐家的老宅背靠着竹木葱碧的山丘，房前是油绿的稻田和开满了新花的荷塘，田埂上芋头的大叶子开得像一张张孩子的笑脸，一湾水塘平静得晚上照得出星星的倒影。这就是星斗塘，这就是齐白石艺术的故乡。齐白石儿时就在那些山头砍柴、牧牛、背《千家诗》，在那些湾塘里钓鱼、捉虾、戏蛙，这里处处是他的画材和画境。这位并不曾自觉地意识到什么是"深入生活"的人，当年也不曾意识到正是这美丽的乡村和童年的乐趣，给了他未来的艺术创作那么多灵感，那么多生机。贫穷的家境，使少年齐白石只读了一年的蒙馆就中途辍学，因此，他从没有过入仕做官的愿望，也从没有过古代文人官场失意后的避世隐逸心态。少年的农家生活使他拥有的是对太平世界的向往，对腐败官吏的憎恶，对大自然的热爱，这些都在他日后的作品中有过真诚的表现。

　　15 岁起，齐白石学做木匠，次年改学雕花木工，走乡串户为人做木工活达10 年之久，所以他又自称是木人、木居士、老木，自谓是"鲁班门下"，是"大

匠之门"。作为木匠的齐白石，在其艺术旅途上的真正意义，不仅是刀法的娴熟
对于篆刻有直接的好处，不仅是将画谱中的形象用于木雕，在创作木雕新花样时
培养了他敢于独创的精神，更重要的是，包括民间雕花之类的民间艺术陶冶了他
的审美情趣，他也是民间美术的创造者，民间美术的造型观念、色彩观念成为他
衰年变法后在造型上、色彩上、审美情趣上变革文人画的重要参照。

26岁起，齐白石正式弃斧学画，先后从当地画家胡沁园、陈少蕃等学画、
习文，参加诗社雅集，曾被推举为龙山诗社社长。34岁之后，学习篆刻、书法，
继拜湘潭县城王湘绮为师习诗文。一个民间艺人走进了当地文人的生活圈，一个
自称为"画匠"的乡间画师开始走上文人画打基础的道路，他不再是"艺术匠"，
已演化为"白石山人"。他初步走出了消息闭塞文化落后的农村，但是县城范围
内的文化水平依然有限，他的书法只是由馆阁体转向何绍基体，篆刻还在规矩的
丁、黄一路，他还没有接触到真正上乘的传统绘画和海派艺术的新风。青年齐白
石已经显示了可以成为大艺术家的资质，但信息的量和质的限制还没有形成造就
大师的条件。

40岁左右至54岁，即1902年至1916年间，在他自称"五出五归"[4]和家
居七年的时期，他先后出游陕西、北京、江西、广西、广东、江苏，结交的是李
筠庵、曾农髯等传统文化修养很深的文人，拜读了青藤、八大、冬心等大名家的
真迹，所见是华山、庐山和桂林山水等甲天下的胜景，信息量的扩大和质的提高
把他引领到一个较高的艺术层次。此间，书法改学北碑，篆刻改学赵之谦。于画
学，既能工写草虫，又能放笔倾泻，已经接近晚清文人画家普遍追求的艺术风尚，
或者说已经走上了文人画的正路。所集《借山图卷》52幅，已经显示出他完全
可以摆脱古人，完全可以在师造化中表达自己的情怀，创造自己的新途。但是他
还没有自觉地意识到艺术变革的规律，还属一般的耕读自娱的文人意识，还没有
现代知识分子的变革意识和个性解放意识。中年的齐白石还没有走进整个中国时
代的大潮，还没有真正地找到艺术中的自我，甚至于还不敢想、更没有发现他潜
在的成为艺术大师的可能性。

齐白石自1917年二进北京，1919年定居北京，结识了陈师曾、姚茫父等

富有创造精神的文人画家。特别是陈师曾这位博涉古今中外的文化人，在文人画受到冲击时清醒地意识到文人画的价值，在新文化运动的潮流中又意识到文人画必将发生变革的艺术家[5]，他为齐白石《借山图》题"画吾自画自合古，何必低首求同群"的诗句，使齐白石这个"五出五归"也没有获得现代改革意识的人获得了真谛。正是这一信息叩开了齐白石艺术的大门。当这种艺术变革的文化氛围和齐白石"正合吾意"的主观要求相一致时，齐白石的农民本色、童年生活、家乡风物，才源源不断地从笔下流出，他作为民间艺人的那种土味的艺术素养才被发现其真正的价值，他所具有的诗、书、画、印的文人画的全面修养方焕发出新的光华，他潜在的聪明才智也得到了真正的开发。并不是说不进北京就没有齐白石存在，其实质是，是否接受高层次、高质量的文化信息，能否把握文人画变革的必然性，能否发现自己并使自己的潜能得到充分的发挥。晚年定居北京近40年的生涯，他不在五四运动的旋涡里，也不是倡导新美术运动的旗手，但是当他和陈师曾结为知己，当他的作品参加了林风眠倡导的北京艺术大会[6]，当他支持了蒋兆和为民写真的现代水墨人物画[7]，他在这里和现代最伟大的一批艺术家建立了"君无我不进，我无君则退"的相互促进的思想联系，相互已经结成了变革中国画的高层次的群体，改变了北京是"保守派的大本营"[8]的现象，也以他的艺术证实了民族艺术在自身基础上变革的可行性。无论是战争年代还是和平年代，找到了自己真正的艺术归宿的齐白石自然地昭示着他那颗善良、清白的农民心。他对生活的热情，对和平的期冀，总是人民的愿望和心声的真实的表白。他从民间走来，步入了文人画的殿堂，又从这殿堂魂归乡野，享誉世界现代画坛。这就是齐白石的生平，是他的独特的生命流程和他的艺术之间的关系说。

修养论、独造论

予少贫为牧童及木工，一饱无时，而酷好文艺，为之八十余年，今将百岁矣。作画凡数千幅，诗数千首，治印亦千余，国内外竞言齐白石画，予不知其究何所取也，印与诗则知之者稍稀，予不知知之者之为真知否？不知者之有可知者否？将以问之天下后世……予之技止此，予之愿亦止此。世欲真知齐白石者，其在斯，其在斯，请事斯。

——《齐白石作品选集·自序》

胆敢独造

——齐白石印语

在现代中国画的变革史上，齐白石被公认为是在传统自身的基础上变革的艺术家。当他由对传统知之甚少到深入传统的堂奥，由敬服于传统到胆敢独造，经历了两次大的转折，后一个转折更是一次重要的转折。

齐白石所走进的和打出的这个"传统"，是中国文人画的传统。齐白石艺术的变化，其基础仍然是文人画的治艺思路。当他一旦弃斧从艺，进入文人的圈子，就走上了文人画家诗、书、画、印"四全"的艺术之路。所以在他1956年手书的那篇自序中，对世人竞言其画而不言其诗歌、印章艺术，那么坦率地表示出不平。当他俏皮地自谓刻印第一（有时又说诗第一）、诗词第二、书法第三、绘画第四时，对欣赏者可能是不公平的，但从姊妹艺术的内在联系的角度而言无疑又是很重要的，这甚至于是我们能否"真知"齐白石的一种考验。当他重复地说"其在斯，其在斯，请事斯"时，是提醒我们注意全面的艺术修养的重要性，提醒我们注意民族艺术的综合性特征，期望我们这样地来认识他，也这样地从事艺术的实践。当然，诗、书、画、印的这种内在的联系，民族艺术特别是文人艺术的这种综合性特征，并不是齐白石独具的，把绘画成就放在末位的说法也不是由他开始的。他的新贡献在于，他在这4个方面既分别地予以创造，予以个性的发挥，又将这分别的变革构成一股创造的合力，将富有新面目和自家面目的诗、书、画、印巧妙地糅入内美并统一在绘画的形式格局中，构成了齐白石丰富的艺术世界。因此，对齐白石诗、书、画、印的分述是必要的，而且，其每一门类的变化过程、指导思想，又映现着他艺术的整体追求。

家境贫穷，诗书无继，一度成为齐白石的困惑，故有"少不能诗孰使穷"之慨，又有"怕穷之脚诗人外"之叹，诗社雅集对不上句子时亦曾把借山吟馆的"吟"

字删去，也因此敦促他于诗文格外下了些功夫，仅 1900 年在百梅书屋得秋风夜雨之助即作诗几百首之多。之后，作诗成了他抒发情感的内在需求，也进入了脱口为诗的自如境界。正如他在 1933 年自订《齐白石诗集》第二辑的自序中所说："……夜不安眠，百感交集，谁使垂暮之年，父母妻子别离，戚友不得相见？枕上愁余，或作绝句数首，觉忧愤之气一时都从舌端涌出矣。平时题画，亦多类斯，故集中所存，大半直抒胸臆。"这"从舌端涌出"和"直抒胸臆"，使齐白石的诗具有真诚自然和通俗的特色。他是用自己的语言诉说自家心里的情感，别人讥嘲为"薛蟠体"亦任其评说，自谓"非矜风雅，不过寒鸟哀蛰，亦各自鸣其所不容己云尔"。其怀乡诗，如"星塘一带杏花风，黄犊出栏东复东。身上铃声慈母意，如今亦作听铃翁"。追忆童年诗，如"儿戏追思常砍竹，星塘屋后路高低。而今老子年六十，恍惚昨朝作马骑"，都是亲身经历的回顾和真切情感的表白，没有半点的自矜风雅。每当我们重温"能供儿戏此翁乖，倒不须扶自起来，头上齐眉纱帽黑，虽无肝胆有官阶"这题《不倒翁》的诗句时，都能领略到齐白石的幽默和机智，非正宗诗人所能道出。在自然美的陶赏中，他也与自然风物精神往来，吐出了"带醉扶栏看海棠""好闻漫天紫香雪""细看鱼嚼桃花影""老眼遥看认作霞""潇潇一夜冷雨，白了多少人头"这样的妙句，和他的画一样有着丰富的想象力和浪漫的情思。他善于七绝、五绝，更有一些不受诗律束缚的长短句，如"网干酒罢，洗脚上床，休管他门外有斜阳"。有四言诗，如"家雀家雀，东剥西啄，粮尽仓空，汝曹何着"，也都是些平易近人的绝妙好句。1922 年，齐白石曾言："余年来作画，一画必题一诗，故诗之随意一如画也。"

缘情而发，随意而作，幽默之思，乡风俗语，这是齐白石诗歌的特色，也是其画的特色，是他的诗风和画风的一致性。

书法入画和金石画风，都不是齐白石的发明，但他在书法、金石方面所下的苦功、创造精神和独特造诣，既分别确立了他在书法、篆刻上的成就，也深刻地影响了他在绘画上的综合性表现。其书法，由学习馆阁体到学何绍基体，转而受到盛行的北碑书风的感染，又学习魏碑、《爨龙颜碑》，尤其是对《三公山碑》的崇爱，及对金冬心体的模拟，逐步增强了书法的力度、厚度和金石味，最终创立了个人大气磅礴的篆书、浑朴老练的行楷和题画中经常出现的具有倾斜笔致的行草。或许其行书缺少些提按顿挫的变化被专业书家指为笔画单一了些，但其整体节奏感显然又呈现出画家书风。尤其篆书，以方笔造势，方中有圆，苍古处若碑，痛快处若治印奏刀，最具特色。虽然他自己钦羡徐青藤作画像写草书一样自然挥洒，深慨自己九十几岁还是像写楷书那样作画，但实际上，像写楷书那样作画，在那欲行而留的笔意里，在那些粗朴的线条里，有着青藤所没有的凝厚感和拙涩感，这在他塑造柴耙、树干、菜篮等形象的笔法中有着最强有力的表现。即便是类如草书笔致的牵牛花藤，也不像徐青藤那样潇洒，而好像和着篆意的草书，这是齐白石的个性所在，也是他表现农器谱和松树等形象时所渴求的笔法。

　　齐白石平生第一方印章是"金石癖"，于篆刻，曾学习丁敬、黄易一路，又倾心于赵之谦，并能得汉印精意，以攻玉凿铜之法，单刀直冲，"纯任自然"，形成了个人阔笔豪放的刀风，形成了大疏大密、大实大虚相互照应的如绘画结构的章法，较之书法，更具有胆敢独造的精神，甚至于如傅抱石所说："老人的天才、魄力，在篆刻上所发挥的实在不亚于绘画。"[9]齐白石自云："予之刻印，少时即刻意古人篆法，然后追求刻字之解义，不为'摹、作、削'三字所害，虚掷精神。人誉之，一笑，人骂之，一笑。"（《自跋印章》）又言："刻印，其篆法别有天趣胜人者，惟秦汉人。秦汉人有过人处在不蠢。不思秦汉人，人子也，吾侪亦人子也。不思吾有独到处，如令昔人见之亦必钦佩。"（《日记》）在这些论印话语里，洋溢着他的创造意识和不畏人讥的胆气。而这种胆识和他特殊的印风的产生，有对变革性规律的把握，也是以印表达他自己情感的内在需求使然。从来没有一个篆刻家像他那样在印文里坦率地一再表白自己"木人""木居士""寻常百姓人家"之类的平凡身世；从来没有一个篆刻家像他那样在印文里倾诉"故里山花此时开也"这类思乡的深情；像他这样直爽地表达"心耿耿""功名一破甑"之类的品格；像他那样热烈地表现出"人长寿"的美好愿望。直抒胸臆的内在需求，像脱口出诗那样的创作作风，所需求的也正是单刀直入、痛快淋漓的治印风度。他曾说，篆刻是一件痛快事，故不泥于蚀削工艺，也"不愿做裹脚的小娘"，为学生的印存题诗道："做摹蚀削可愁人（自注：古今于刻石，只能蚀削，无知刻者），与世相违我辈能。快剑断蛟成死物，昆刀截玉露泥痕（自注：世间事，贵痛快，何况篆印风雅事也）。"见过他当面下刀的弟子说，观其刻印，"如闻霹雳，挥刀有风声"，这当然也可说是一种"写意"的治印作风，或者说，他是用他的感情在分朱布白中奏出他心灵的歌。

在绘画上，齐白石怎样打进传统，又怎样打出来，表现了更加鲜明的变革、创造意识。当然，他对传统、对古代大师十分敬重。曾表示："青藤、雪个、大涤子之画，能横涂纵抹，余心极服之。恨不生前三百年，或求为诸君磨墨理纸，诸君不纳，予于门之外，饿而不去，亦快事也。"甚至说："青藤雪个远凡胎，缶老衰年别有才，我欲九原为走狗，三家门下转轮来。"

由此可见，这几位大师对他的深刻影响，但也可见传统也是他塑造自我的羁绊。陈师曾送他吴昌硕的画册，他喜欢得阅至深夜不能罢休，但第二天却画不出画来了。于是，深有体会地说："我乡居数十年，又五次出游，胸中要画的东西很多。但这次看到吴的画册，却受到了约束。"故终将画册送给了儿子子如，重新寻找自己的艺术世界。变法前后的齐白石，在古人和自我之间经历过痛苦的拉锯战，而终将天平放到了自己一边，并在反思古人和反思自己的过程中，立定了变法的决心。1919年，序《老萍诗草》时说："余作画数十年，未称己意，从此决定大变，不欲人知，即饿死京华，公等勿怜，乃余或可自问快心时也。"又言："获观黄瘿瓢画册，始知余画犹过于形似，无超凡之趣。决定从此大变，人欲骂之，余勿听也；人欲誉之，余勿喜也。"他已经深深地体会到，画乃寂寞之道，抛却虚荣之心，画自家画才有真正的艺术，所以，能将他人之骂、他人之誉置之度外。这使我想起当别人骂他是"野狐禅"之类的旁门左道时，这位可爱的老人在"骂人"问题上的几种态度：一是"人欲骂之，余勿听也"；二是"人骂之，一笑"；三是"卅年删尽雷同手，赢得同侪骂此翁"；四是在表现老者伸指还骂的那幅画上题写的"人骂我，我也骂人"。从不听、一笑，到让人来骂，到还口对骂，正可以看出齐白石在变法过程中"我自为我，自有我在"的创造胆识，他不仅能将毁、誉、名利视为身外之物，也表现过"赢得同侪骂此翁"的挑战精神，表现了"人骂我，我也骂人"的自卫精神和坚信"百年后来者自有公论"的预见。据说，同样很有成就的画家王梦白，曾骂齐白石为"乡巴佬"，齐白石也毫不客气地骂对方为"叫化子"。这意味着他真正意识到自己作为"乡巴佬"的本质，作为"乡巴佬"的自豪，作为"乡巴佬"获得的变法成功的愉快。他的画风就像他画虾那样一变再变，从造型上的略似到逼真，进而臻于他期望的"似与不似之间"的意境；从精谨的表现到一般文人写意的表现，进而到红花墨叶般的热烈的表现；从学习别人的技法，到深入古人的堂奥，进而到"耻似古人""我行我道""我有我法"的自由境界。

上面我们分别地研究了齐白石在诗歌、书法、篆刻、绘画几个方面进行探索的过程，可以发现，这是个沿着文人画的路子全面修养的过程，也是学习古人、摆脱古人、创造自我的过程。

他的艺术，"其在斯"者，既是诗、书、画、印从横向上相联系、相参悟、相生发的综合性的成就，也是诗、书、画、印分别的创造精神所构成的总体创造精神的合力和结晶。在这些全面的修养中，缺一不可，在自立门户的时候，缺少任何一个方面的自立也不可。这是一个全面的修养和全面的创造，而创造精神、变革精神、自立精神更是他修养中的修养，修养之上的修养。

本质论

万里乡心有路通

——齐白石诗句

余欲大翻陈案，将少小时所用过之物器一一画之。

——题《柴耙》

不是独夸根有味，须知此老是农夫。

——题《白菜》

齐白石之所以是齐白石，就因为他曾经是或者说压根就是一个"乡巴佬"，按今天的话说，是勤劳朴实的老农民。当他具备了一定的文化修养，成为一名画坛巨子后，他也没有忘记他是一位"湘上老农"。实际上，他是一位有修养的乡下人，或者说是保持着农民本色的伟大的艺术家。在他那些精妙绝伦的艺术作品中，特别是在"衰年变法"之后的作品中，分明映照着他的乡心、童心和农民之心，这无疑都是其真心即本心的流露。

齐白石热爱他的家乡，就像农民离不开养育他的土地。他在自传中曾言及57岁时即将离开家乡北上时的心情："当时正值春雨连绵，借山馆前的梨花，也在替人落泪。"过黄河时，又幻想："安得手有嬴氏赶山鞭，将一家草木过此桥耶！"北上仓皇，离愁万端，"南望故乡，常有欲归不得之慨"（王训《白石诗草续集·跋》），"回头有泪亲还在，咬定莲花是故乡"，说得都是他真实而强烈的恋乡之情。待他到了北京，艺术上的处境亦不好，自称："我那时的画，学的是八大山人冷逸的一路，不为北京人所喜爱……我的润格，一个扇面，定价银币两元，比同时一般画家的价码便宜一半，尚且很少人来问津，生涯落寞得很……"艺术上的冷遇又和离家愁怀痛苦地交织在一起，当然期待艺术的变革和借艺术排遣离乡的愁怀。当他听从了陈师曾的劝说，"自创红花墨叶的一派"，在这表面上的形式变革背后，是内在情思的变革，他再也不能用八大山人表现八大山人情怀的艺术语言，而必须找到表现自家情感的自家的语言。因此，这"红化墨叶"并不是什么纯形式，它负载着红、黑对比的热烈的民间审美观念，更负载着内在的追求，这内在追求便是他的乡心，是"客久思乡""望白石家山难舍"（皆印语）的真实情感。已经在北京定了居，想的却是"故里山花此时开也"与"心与身为仇"这些印语，所表达的正是"身在曹营心在汉"这样的思想轨迹。当然，他不可能将一家草木赶过黄河带到北京，而只能把这些可以称为自然信息的家乡草木化作艺术信息传达出来，以实现其心理的平衡。他刻了许多寄托着怀乡之情的闲文印，除前述者外，又如"吾家衡岳山下""客中月光亦照家山"等，这都很难说是些"闲文"，而是自抒胸臆的第一主题。他写了许多的怀乡诗，如"登高时近倍思乡，饮酒簪花更断肠，寄语南飞天上雁，心随君侣到星塘。"又如"饱谙尘世味，夜夜梦星塘""此时正是梅开际，老屋檐前花有无"等诗句，都是"夜不安眠""枕上愁余"所得肺腑之语。

他的画和印、诗一样，在变法之后，集中表现的是怀乡的情感，是这位老人儿时生活的回忆，是这位"湘上老农"对农家风情的眷恋。在古人从未入画而他自己却反复表现的《柴耙》第二幅中，右题"余欲大翻陈案，将少小时所用过之物器一一画之"，情犹未已，又题新句56字："似爪不似龙与鹰，括枯爬烂七钱轻（自注：余少时买柴耙于东郊，七齿者需钱七文）。入山不取丝毫碧，过草如梳鬓发青。遍地松针衡岳路，半林枫叶麓山亭。儿童相聚常嬉戏，并欲争骑竹马行。"这样的创作冲动是那样自然，与之相应的是如椽大笔和奇绝的构成，他那书法和构图的修养、才华也得了最充分的发挥。在那幅有名的《牧牛图》里，那位着红衣白裤的赤足牧童就是他自己童年生活的直接写照。题画诗是"祖母闻铃心始欢（自注：璜幼时牧牛身系一铃，祖母闻铃声遂不复倚门矣），也曾总角牧牛还。儿孙照样耕春雨，老对犁锄汗满颜。"这诗如画，既有对自己牧牛生活的回忆，对祖母日日盼孙儿早归的亲情的表现，也是当时他对仍在耕耘的儿孙的牵挂。如同他为亲人所绘的作品中那些充满了人情味的题诗，这种情怀当然也不是青藤、八大的人生感受，也不是用那"冷逸"的一路画风可以传达的情愫。这恐怕正是石涛所说"古之须眉不能生在我之面目，古之肺腑不能安入我之腹肠，我自发我之肺腑揭我之须眉"的真谛所在。

变法和着变意，变意和着变法；乡心伴着童心，童心也总是乡心。围拢在一起的青蛙，就像是开故事会的一群顽童；画着小鱼围逐钓饵的《我最知鱼》，是"予少时作惯之事，故能知鱼"；77岁画墨猪出栏，是因为他有一颗"牧汝追思七十年"的心；他画那些蜻蜓、红甲虫，是他还记得乡里人叫黑蜻蜓为"黑婆子"，叫小甲虫是"红娘子"，这正是农民眼中的草虫，农民的审美情趣；画鲇鱼题"年年有余"，画石榴象征多子，画桃子象征多寿，这正是民间艺术寓意象征的特色。他笔下的钟馗、寿星、仙佛一类作品，亦是农民们闲话聊天时嘴边的对象。如果说，在这类作品里，是他的恋乡情结和童真情趣的自然流露，那么，是否可以说"以农器谱传吾子孙"的愿望是一种有异于"诗书传家远"的农民意识的自觉的表白呢？当他画《白菜辣椒》时，不仅有感于红与黑的对比，同时表达了"牡丹为花之王，荔枝为果之先，独不论白菜为菜之王，何也？"这样的愤愤不平。他在有关画白菜的题句中，所表示的"不是独夸根有味，须知此老是农夫"，"不独老萍知此味，先人三代咬其根"，不正是《雨耕图》中的那位老农的自白吗？实际上这是齐白石对他的本色、本质的毫不掩饰的自我肯定。说到底，齐白石这位从来没有入仕愿望的农民，也没有入仕无能而隐居山林的逸情，他懒于应酬，不管闲事，与世无争，甚至于"一切画会无能加入"（印语）。他只是像农民那样，一年到头的春种秋收，可能笔下的"谷物"为此会有许多的雷同，"谷物"收获了也一定要卖钱的，但这种一般劳动农民的心态并没有掩盖其创造的活力，他创作那些经典性的作品时，是始终以一颗纯真的心，沉浸在艺术的体验之中，沉浸在他的艺术故乡里。他的乡心、童心和农民之心的流露，他艺术中的乡土气息，根源于他的劳动生活，根源于他作为"农夫"的本质。当他在艺术上走投无路之时，是虚假地因袭八大山人的情感所必然遭到的碰壁命运，实质上那是自己的心态与过去的文人之间不相谐和的结局。当他认定此老是农夫，认定了"万里乡心有路通"的时候，早年储备的自然信息源源不绝地奔来腕底、舌端、刀尖，化作了新的艺术信息，并必然地抛弃了古人表达古人情感的艺术手段，创造了表达自己情怀的艺术语言和艺术形式。因之，齐白石的衰年变法，不仅仅是一场变法，而是以意变为中轴的意变和法变共进的过程，也是自我觉醒和自我把握的一场革命。他艺术中的乡心、童心和农民之心的真诚流露，是他这位有文化的农民，或者就是被人骂作"乡巴佬"的这位艺术家的真心和本质的艺术的表现。正是在这诸多的意义上，齐白石的本质论，即其自我论，齐白石的变法论，亦即变意论，或者说齐白石的本质的表现是其"衰年变法"的深刻内涵。

思维论

一代精神属花草——齐白石印语意中有意，味外有味。

樊樊山题《白石诗画》趣味者，现实中之超现实也，科学中之超科学也，形似中之神似也，神似中之不似也。不似而似，正所谓超以象外，得其寰中。

——张茂材《民族艺术的写实与写意》[10]

《青蛙》

一只青蛙被水草拴住了后腿，另外三只暂不救助，坐而旁观；两只小鸡争食一条蚯蚓，但又免不了"他日相呼"；一只老鼠跳到秤钩上戏耍，画家谑其"自称"；一群蝌蚪明明看不见水中的荷花倒影，却争相追逐……当我赏读齐白石这类妙品时，禁不住笑出声来，禁不住拍案叫绝。我不知道齐白石有着怎样一个大脑？他怎么能有这样的艺术构思？这种趣味，不像古代文人画家的艺术趣味那么雅，但又有着那些高雅的趣味难以替代的魅力。它带一点土气，又带一点孩子气，还有点不讲理，然而又处处合于艺术之情理。这当然是老人的一片童心，而这片童心又总是与儿时生活的回忆有关，在这最美妙的回忆里最能激发艺术创作的灵感。但是，只有这片乡心和童心还不够，还要看他怎样艺术地处理这些题材，怎样把这些普通的艺术素材转化为感人的艺术形象。

在欣赏齐白石的画时，我想，他是把山川草木、鸡鸭虫鱼当作有生命、有情感的人来画的。"他日相呼"的两只小鸡就是尚不懂得礼让的两个今日吵架明日和好的孩子；《自称》中的鼠儿不就是生活中喜欢"自以为是、夸夸其谈"的鼠辈吗？把青蛙的一只

《他日相呼》　　　　　　　　　　　　《自称》

《老鼠》

腿用草拴住，看它怎样地呼叫挣扎，这本身就是阿芝早年的恶作剧。这种思维方式和他作诗的思维是一致的，和他在诗歌中把春雨梨花视作垂泪送别人，和"梨花若是多情种，应忆相随种树人"的诗句是一样的构思方法，它不仅是拟人的，而且是倾注着情感的拟人化方式，即齐白石自谓"一代精神属花草"的寄托。特别在那些小鸡、青蛙、蝌蚪、麻雀、老鼠等小动物身上，最见齐白石的一片童心，最见一位老人对儿童生活的怀恋，最见"老小孩"的天真、可爱。诚如李贽所言："夫

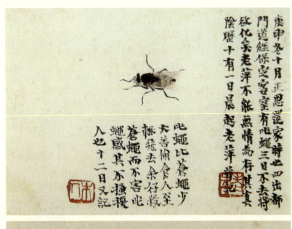

齐白石《蝇》

童心者，真心也……若失却童心，便失却真心；失却真心，便失去真人。人而非真，全不复有初矣。"[11]

另外，他笔下的老鼠使我想到，这现实生活中的害鼠又怎样奇迹般的变成了审美的形象？它和民间艺术中把吃人的老虎变为勇猛的审美对象一样，就像几乎每个孩子都听母亲唱过的"小老鼠，上灯台，偷油吃，下不来"那首歌谣那样，在这些现实生活中有害的动物身上，也有着在造型上、情状上可爱的一面。当民间的剪纸艺术家设计着《老鼠娶亲》的故事时，当齐白石不厌其烦地画小老鼠时，正是中国的民间艺术家化丑为美的天才想象的产物。齐白石诚然有着"寒门只打一钱油，哪能供得鼠子饱"这种对鼠子的憎恶，但更多的是玩赏鼠儿的乐趣，当他画出一只老鼠咬着另一只老鼠的尾巴这个造型时，也忍不住写下了"寄萍老人八十五岁时新造样也，可一笑"这样的题记。正是在这类作品里，可以看出这位从民间走来的艺术家，从根子里所葆有的民间艺术思维不仅是拟人化的，而且是充满了逗乐子的那种艺术的幽默。

齐白石之所以和那些小动物逗乐子，是出于他的一片爱心，这爱心，是自然关怀，也是人文关怀。他1920年作《蝇》小画，仅7×9.7厘米，嘉德1997年秋拍以 19.8 万元人民币成交，笔者戏言此为世界上最贵的一只蝇了。画中仅画一苍蝇，右题："庚申冬十月，正思还家时也。四出都门，道经保定，客室有此蝇，三日不去，将欲化矣。老萍不能无情，为存其真。阴历十有一日晨起，老萍并记。"意犹未尽，逾十日复于下部题："此蝇比苍蝇少大，善偷食，人至辄飞去。余好杀苍蝇而不害此蝇，感其不骚扰人也。十二日又记。"此画有人以为假，余以为真，比苍蝇稍大之蝇即北方人所称为"绿头蝇"的那种大苍蝇，且造假者本无爱心，何有此人情味。齐白石这种仁人之心、惜物之心，正是今日许多画家所缺少的一种内在精神。

　　齐白石是一位很尊重生活真实的艺术家，没见过的东西不画，龙非实物，故一生未敢落笔，当记不清芭蕉叶是向左卷还是向右卷的时候，也不勉强画"芭蕉叶卷抱秋花"的词意。但他同时又是敢于突破生活真实的艺术家，是花鸟画家中最具浪漫诗情的一位。92 岁那年，他画了两幅《荷花影》，又像哄小孩子那样让李苦禅、许麟庐两位弟子抓阄儿各得一张。一幅荷花下弯，一幅荷花上弯，有趣的是在两幅画中荷花的倒影总和荷花本身一样不合理地朝一个方向弯曲，都有一群蝌蚪去追逐只有岸上的人才可以看到、而水中的蝌蚪根本不可能看到荷花的倒影。它是那么不合生活的情理，而又备受欣赏者的喜爱，就在这不合于生活和科学情理，而恰合于艺术情趣的思维中，照见齐白石那颗浪漫的心。正如吾师张茂材先生所言，这是"现实中之超现实，科学中之超科学"的艺术思维，因超以象外，遂得其寰中。在中国

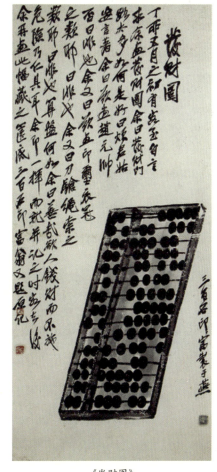

《发财图》

的诗论中，有"比""兴"之说，亦有蕴藉含蓄的美学追求。齐白石悟得此中奥妙，是位善用比喻，也善于含蓄处理的艺术家。当他为人画《发财图》，选定以算盘为形象契机时，那种在"仁具"中包含的"欲人钱财而不施危险"的善心，较之财神爷、衣帽、刀枪之类，是含蓄的，也是意味更加深长的。[12] 当他有感于官场的腐败，以不倒翁作为象征性的形象，通过谐音、谐趣生发出来的讽刺意味，这比直接描绘一个赃官的形象来得有趣，也来得深刻。以横行的螃蟹比喻横行无忌的侵略者；画寒鸟，而寓有"精神尚未寒"的信念，和《不倒翁》一样，是一种绝妙的漫画式的思维，是他的幽默，也是他在那个不能直接反抗的环境下，像维吾尔族的智星阿凡提那样表现出来的机敏。有时候，齐白石又为我们留下了一些谜语式的作品，把我们带进一个玩味不尽的迷宫。盘子已经空空，犹有一只苍蝇，这幅画绝不是单纯为了形式上的工简对比，但作者却不明说他的创作意图，只留下了"能喜此帧者他日不能无名"一句题识，让每一个欣赏者去接受这幅画的考试。这无题式的幽默实在是为我们留下了太多想象的余地。

《蛙声十里出山泉》

齐白石的人物画由工入简，其笔墨造型、味道不在花鸟草虫和山水画之下。前述《人骂我，我也骂人》即为一例，往往画外有人，别有妙趣。《钟馗搔背图》的题跋："不在下偏搔下，不在上偏搔上，汝在皮毛外，焉能知我痛痒？"就不一定是说的挠痒痒这件事本身，起码本人想到，笔者在作《齐白石论》的时候，也难免就不在那皮毛之外。文学家樊樊山夸奖齐白石的诗"意中有意，味外有味"，我看他的画也有这种诗人的思维的妙趣。这位同时是诗人的艺术家，常常以耐人寻味的诗句和散文式的句子，生发出那画外的画，味外的味。描绘了夕阳疏柳、泊舟晒网之景的那幅山水画，画中无人，题画诗里有人——"网干酒罢，洗脚上床，休管他门外有斜阳"，是渔民的生活写照，还是不涉外事洁身自好的齐白石的人生哲学？留给了欣赏者自己去判断。一幅《荷塘》小景，因为题写了"少时戏语总难忘，欲构凉窗坐板塘。难得那人含约笑，隔年消息听荷香"这首诗，而改变了山水画的意趣，和少年齐白石相约的是怎样的一位佳人？画里没有，诗里没有点明，这好像并不重要，有意味的是，他已把观众和他一起带入了美好的追忆之中。末句，明明应是"隔年荷香听消息"，而他偏偏说"隔年消息听荷香"，这使人想起他为友人所绘《紫藤》题写的"与君挂在高堂上，好听漫天紫雪香"，使人想起应老舍之请所画的《蛙声十里出山泉》，只画蝌蚪不直接表现蛙鸣的妙构，这奇情俊语都有一些中国诗歌的妙处，也有些艺术欣赏中的"通感"，总之是些画外的画，味外的味吧。

袁枚在《随园诗话》中说："作诗文贵曲"，"贵得味外味"；张茂材先生说："无笔墨处是灵魂。"齐白石的诗和画是深得这一艺术妙理的。这些妙理，是不以形似为标准的民间艺术的精华，也是整个民族艺术的精华，在文人的艺术理论中有很好的总结，并且构成了独具特色的中国美学的艺术思维。这种艺术思维深化了艺术的内美，是经典性艺术作品的必备条件，是艺术家的慧根所在。所以我说，齐白石无论是把草虫花木拟人化、情感化，把画诗化，把现实浪漫化，还是着意于画外、味外，都是艺术的思维，而且这艺术的思维是那么朴实，那么纯真，那么幽默，那么智慧。仿佛在他的大脑里，既有文人艺术的高妙，又有民间艺术的朴华，在他进行艺术构思时，文人的思维中多了些泥土的芳香，在民间艺术的思维中又多了些翰墨文思。他的神经大概是民间艺术和文人艺术化合后升华的一片智慧的海洋吧。

构成论

造型论画格平正见齐，非自夸耳。

——齐白石题《玻璃海棠》

作画须有笔才，方能使观者快心。

——齐白石题《兰花》

作画妙在似与不似之间，太似为媚俗，不似为欺世。

——齐白石题《枇杷》

　　如果说，艺术中的自然关怀和人文关怀精神、浓厚的乡土气息、纯朴的农民意识和天真浪漫的童心、富有余味的诗思是齐白石艺术的内在生命，而热烈明快的色彩、墨与色的强烈对比、浑朴稚拙的造型和笔法、工与简的极端合成、平中见奇的艺术语言或视觉形式，则是其艺术的外在生命。内在的情感要求要有与之相适应的形式，这形式又强化了情感的表现，二者相互需求、相互生发、相互依存，共同构成了齐白石的艺术生命，即其艺术的总体风格。

　　当衰年变法的齐白石自谓告别了青藤、八大冷逸的一格，创造了"红花墨叶一派"的时候，意味着他抛弃了古人表达情怀的形式，找到了表现他自己情怀的自己形式。这无疑是一场重大的视觉革命，它适应了正在萌动着的现代人的审美节奏，也适应了文人画在其历史性的转变中向大众靠拢的趋势。色彩表现力的强化，黑作为一种色彩和其他色彩的对照，海派艺术家已经有所突破，齐白石的新发现在于，他又在海派的基础上大胆地引进了民间艺术的审美特色，使色调更加纯化。他保留了以墨为主的中国画特色，并以此树立形象的骨干，而对花朵、果实、鸟虫往往施以明亮的饱和的色彩，仿佛是将文人的简笔花鸟画和民间泥玩具的彩绘构成了一个新的艺术综合体。《荷塘翠鸟》中墨叶、红花、翠羽;《荷花鸳鸯》中的焦墨的叶、深红的花,黑色、黄色、绿色合成的彩羽;《好样》中的墨叶子、黄葫芦、红瓢虫，几乎原色的对比，是典型的齐白石的色彩构成。它属于形式，也属于内容，因为那是乡间风物本身色彩的提炼，那是热烈的乡思情感的外化。当然，懂得笔墨也善于操纵笔墨的齐白石，画虾时，既能巧妙地利用墨色和笔痕表现虾的结构和质感，又以富有金石味的笔法描绘虾须和长臂钳，在纯墨色的结构里也有着丰富的意味，有着高妙的技巧。当他表示"与雪个同肝胆，不学而似"时，主要是说在笔墨韵味上，他完全可以达到八大山人那样的笔墨水平，就像在《秋梨和细腰蜂》一画中的表现那样，显示出非凡的才能。懂得形式美的魅力的齐白石说："作画须有笔才，方能使观者快心";

懂得艺术的灵活性的齐白石又说："凡苦言中锋使笔者，实无才气之流也"，也颇见齐白石之自负。

中国画讲章法，与西方"构成"之意不同，却含有构成之理。齐白石对点、线、面的构成极其重视，因此多有奇妙的章法和生命的律动。当他临摹八大山人的鸭子时，将册页变为4尺条幅，上部3尺皆为纵向题跋，已显露了他在构成上的奇思；《雏鸡》一画，仅在下方五分之一处画3只小鸡，左上方五分之一处落穷款，3个点与1条线遥相呼应，把那大片空白化为有生命的空间；《莲蓬蜻蜓》中，4尺长的1条纵向线与1尺长的1条斜线的交叉，就完成了秋思的意韵，仿佛已简到不能再简，这都是齐白石的奇思奇构。在鱼、虾的画面中运用同向线的排比造成运动的节奏也是齐白石的拿手好戏。《小鱼都来》中向心的节律，《荷塘群鱼》中两圆（荷叶）与一组斜线（游鱼）的组合，我想，这也都是齐老爷子内心生命律动的迹化。在松鹰、紫藤、牵牛花这类作品中，他又是那么善于运用复杂的线形变化以造成复杂的旋律。题《松》诗句"虬枝倒影蛇行地，曲干横空龙上天"；画藤题句"乱到十分休要解""老藤年年结如绳"，表白的都是对特有形象的审美感受。笔者曾将其嫩荷、夏荷、残荷作比较对照，更清晰地发现，他善于运用笔墨，也善于运用线的节奏和组合方式的变化，去表现不同的气氛。诚如老画师所言——"画格平正见奇，非自夸耳"。当然，这种奇妙的构成，有齐白石的技巧，而这独特的技巧又与其对内在美的独特追求有关，构成《柴耙》的那一根篆书般的大线与那七根短线，是柴耙的形象所提供的，也是以柴耙入画的这个"乡巴佬"本质的体现，是"以农器谱传吾子孙"的愿望刺激的产物。

齐白石的山水画少于花鸟虫鱼之类的作品，但其山水画亦不同时流，有独家面目，画风比较简洁爽快，且多有奇构，没有古人那些"平铺细抹死工夫"。一幅萧索的冬景中寒风吹拂的柳丝均作横向平行波动状，山的造型和皴法也仿佛共振般的用横向的弧线画就，在这立幅的画面上呈现出横向波动的节奏。其《清风万里》，近树以下倾的密重的斜线画出风势，水波是流动的曲线，远坡则以平线演化成一个灰色的面，又以风帆穿插在黑、白、灰三个大面之间，正如题记所说确是"画吾自画"。《鳞桥烟柳》图中就像美人蒙上了面纱似的隔断树林的两抹薄雾，《枯树归鸦》中那赭色的枯树和点点黑鸦交织的节奏，《雪山》图中焦墨的点、线和淡墨渲染的灵活运用，都可以说是"纯化"的构成。他在《老萍诗草》中说："山水画要无人人所想得到处，故章法位置总要灵气往来，非前清名人苦心造作。"我想这正是"时流诽之"的原因，正是陈师曾予以赞同的原因。这些章法、笔致构成的妙趣，体现了他所说的"胸中山水奇天下，删去临摹手一双"的艺术追求，他删去的是古人的山水，表现的是他胸中的山水。

就造型而论，每个造型艺术家都有自己造型上的美学尺度。当齐白石画牵牛花时，叶皆作正面观，花皆作侧面观，花苞皆直如红烛，这是局部的一致和整体气势的统一，是造型的特色，也是构成上的学问。而牡丹花的丰艳，棕树冲天的意趣，不倒翁的泥玩具样式，背向的牛那浑圆的形，侧向的虾那狭长的形，猫头鹰的类如轴承结构般的眼，这些纯造型上的表现，既与物形有关，也与画家的感受方式有关，在齐白石的艺术思维中亦是民间艺术的"老根"在其造型观念上的自然流露。如果说齐白石描绘工细草虫的本领还带有民间手艺人炫耀其技能的因素，不似之似的意笔是文人胸次的表现，那么，他那些粗笔枝叶与工细草虫在同一画幅中的出现，不仅有一种对比的美，也是他农民兼文人的双重人格的复杂性所决定的，或者又正如他自己所说，是"工者如儿女之有情致，粗者如风云"的齐白石的多重气质的化合。他那有关造型的著名画语——"作画妙在似与不似之间，太似为媚俗，不似为欺世"，既是他的造型观，也是他在整个艺术格调上，欲求沟通世俗的和文人的审美意趣，既不流于媚俗也不狂怪欺世的中间选择。"似与不似之间"的造型妙趣，和他的"平正见奇"的观点一样，是这位艺术家在艺术极限性上表现的，是这位既能极工，又能极简，分别在两个极端上有所创造，而最终又不肯拘泥于任何一个极端的艺术家所选择的造型尺度或审美的中界点。当然，这"形神兼备"的中界又不是半斤八两的平均数。晚年的齐白石日趋简化的画风，是日益强化了"不似之似"的造型，也日益强化了"神"的主导地位，臻于"笔愈简而神愈全"的境界。最后一年的"糊涂"笔致，也是一种艺术中难得的糊涂，是突破了楷书般的笔法，进入无法而法的高妙表现，是艺术家主宰艺术形象的最高境界。

齐白石的造型和构成技巧，于全世界同代的艺术家中也是在一流的水平上。如果以他和专门从事抽象构成研究的艺术家相比，也毫不逊色。他与康定斯基、蒙德里安这两位抽象艺术家是同时代人。康定斯基著有《点、线、面》一书，分析各绘画元素在艺术中的表现力，堪谓抽象构成的大师。齐白石没有这样的专著，他的艺术也不是绝对的抽象，但他无疑是懂得点、线、面和善于发挥其超常智慧的艺术大师，而且就金石和书法的韵味来讲是西方现代派画家永远不可企及的抽象的形式美。也许缘于此，西方人，全世界都看到了齐白石艺术的现代感。齐白石与西方现代派画家的不同之处在于，他在运用抽象的形式美时，始终没有跨过他认为是"欺世"的那道门槛，更因其形式美中包孕着真、善、美的内涵，充溢着民间生活的质朴而更为人民大众所喜爱。他从民间走来，集中和化合了文人画的精华与民间艺术的活力，凝聚为一种新的艺术样式，又把它还归于人民，奉献给包括现代知识分子在内的中国的乃至世界的人民大众，而无愧于"中国人民杰出的艺术家"这一崇高的荣誉。齐白石——这个响亮的名字， 以其丰富的审美内涵，将永远铭刻在人类审美的心灵里。

注释

1. 原载《朵云》（上海）1993 年第 3 期；又收入齐良迟主编《齐白石艺术研究》，商务印书馆（北京）1999 年版，《叩开中国画名家之门》，上海书画出版社 2001 年版。2004 年，经多处补充与改动，并加注释，收入《春华秋实——中国美术学院 1978 级研究生成果汇展集·美术史系分卷》，人民美术出版社 2005 年出版。

2. 1917 年，康有为手书《万木草堂藏画目》，次年上海长兴书局出版，惊呼"中国画学至国朝而衰弊极矣"，主张"合中西而为画学新纪元"。同期，陈独秀于《新青年》第 6 卷第 1 号发表《美术革命——答吕澂》，主张"改良中国画""断不能不采用洋画写实的精神"。

3. 齐白石印语及以下所引诗文题识除笔者手录者外，均引自《齐白石作品集》等画册，《齐白石年谱》《白石老人自述》等文献和有关研究文集，不一一注出。

4. 齐白石自称"五出五归"，实多于此数仍依齐说。

5. 陈师曾 1921 年撰文《文人画之价值》，后编入《中国文人画之研究》，1922 年由中华书局出版。

6.1927 年 5 月，由林风眠发起的"北京艺术大会"在国立北京艺专举行，出品三千件以上。

7. 蒋兆和 1937 年 5 月在北平举办画展，齐白石为之题辞，赞其"能用中国画笔加入外国法内，此为中外特见，予甚佩之"。齐白石为 1941 年版《蒋兆和画册》题辞道："妙手丹青老，功夫自有神。卖儿三尺画，压倒借山人。"

8. 清末民初的北京画坛注重继承中国画传统，被改革派视为保守，笔者认为称"传统派"较确。参看拙著《中国画与现代中国》，广西美术出版社 1997 年出版。

9. 傅抱石：1961 年撰《白石老人的篆刻艺术——齐白石作品集·印谱序》。

10. 张茂材（1894—1963）山东安丘人。兼擅诗文书画，生前多年于济南从事国文及美术教育，为季羡林、宋平、黑伯龙中学时老师。笔者自 1956 年起从茂材师习书画。其《民族艺术的写实与写意》一文，为笔者据其 1961 年学术讲座整理而成，发表于《美术史论》1985 年第 1 期。

11. 李贽《杂述》。

12.《发财图》系齐白石与求画者共同商议而构思，作于 1929 年。题识曰："丁卯五月之初，有客至，自言求余画发财图。余曰：发财门路太多，如何是好？曰烦君姑妄言著。余曰欲画赵元帅否？曰非也。余又曰欲画印玺衣冠之类耶？曰非也。余又曰刀枪绳索之类耶？曰非也，算盘何如？余曰善哉，欲人钱财而不施危险，乃仁具耳。余即一挥而就并记之。时客去后，余再画此幅藏之筐底。三百石印富翁又题原记。"

作者简介

刘曦林，1942 年生，男，美术史论家、书画家；山东临邑人，早年启蒙于书画家张茂材门下；就读于山东艺专（山东艺术学院前身），深得于西宁、关友声、黑伯龙诸位先生的指教。后于新疆《喀什日报》任美术编辑；1978 年考取中央美术学院美术史系硕士研究生；1981 年起，于中国美术馆从事美术理论研究、书画创作。现为中国美术馆研究员，中国美术家协会理论委员会副主任，《美术》杂志编委，北京画院《齐白石研究》编委，中央美术学院特邀研究员，山东艺术学院特邀教授。著有《蒋兆和论》《中国画与现代中国》《郭味蕖传》《齐白石论》《中国现代美术理论批评文丛·刘曦林卷》《20世纪中国史》等。

刘曦林：探索历史文脉与艺术规律是一生的功课

谷疏博

"人问以何为业？答曰：周一至周五糟蹋稿纸，周六、周日糟蹋宣纸，仅此而已。"刘曦林退休前有此说法。提起刘曦林，大家便会想到这个喜欢自嘲、风趣幽默的老夫子。刘曦林平素以美术史论面世，几部力作就足以安身立命。不过，自从2012年在中国美术馆举办个展之后，一般观众就已经不知道该如何称谓他了。而从去年开始，他又多了一重身份，在众多同学、好友的鼓励下，他开始教书、带学生，荣宝斋的"刘曦林中国画创作与理论实践研究工作室"便成了他育

刘曦林先生

人不辍的新阵地。他很想把退休前五与二的比例颠倒过来，但往往身不由己，美术理论家、书画家、教育家，年逾七旬的刘曦林在这三个角色的转换之中是否获得了新的感悟呢？

学术与实践双修共悟

"史论不误画，助我者深也。"刘曦林以为"画家、画史研究惠我以规律，惠我以眼界，而理论研究尤惠我于我思、我心"。刘曦林多年来始终主张在理论和实践的结合中，把中国画的美学当作一个整体来认识，把画史与画论也要当作一个整体来阅读、学习，才不至于割裂中国画的美学。他认为将中国画的理论分解为若干元素是必要的，但是不能把各元素孤立起来，目前很多画家只抽离出一个工具材料的元素，而没有看到笔墨材料的背后是"笔受墨，墨受腕，腕受心"，而"心"又属于"文"，这是一条完整的文脉，只有掌握了这一点，才能真正理解"外师造化，中得心源"和"迁想妙得"的内涵所在。

刘曦林的理论中不乏从启蒙恩师张茂材的话语与学养中所得，无论是张茂材先生"绿柳垂崖，高悬青帚拂地理；红莲出水，倒题朱笔点天文"的妙联，还是"将名利抛至千里之外，自然化机在手，元气充沛"的箴言，都让刘曦林体会到了中国画与人的学养的密切关联，进而总结出中国画具有综合性的艺术特征，它要求人与画之间的统一，人的修养和笔墨之间的统一。故此，笔墨就不仅仅具有一个工具材料的意义，还有语言技法层面的意义，具有主客观事物的气韵、意境、情思层面的意蕴，从更深处讲，笔墨即精神，这样就上升到了形而上的高度。

刘曦林在理论研究为主的同时，仍不放弃书画创作，在学术与实践的双修中获取新见与感悟。画家喜听其言，他能搔到画人痒处。近年他写生多了，遂时思"师造化"之义。他认为写生是为了从中找到绘画的方法，是认识生活和总结生活的过程；既要仔细观察写生对象的结构，掌握其生长规律、习性、时节变化，将结构转化为笔法，又要从中寻找文思、寻找诗意，将自然信息向艺术信息转换。"同样的景物在不同人的笔下都是情调形态各异的。最近我正在创作一幅画，前几天下大雨，大雨中的莲花和风雨搏斗，我看到了一种壮美，这是一场美的拼杀，

刘曦林《荷塘过雨》

莲塘过雨给人以美的享受，而当遇到狂风暴雨的时候寄寓的又是另外一种情思，几个花瓣吹落了也好，枝头被折断了也好，它是不屈的，我在创作中用较重的笔墨营造黑云压城的氛围，将莲花这种弯而不折、折而不断的抗争精神描绘出来。在这里，我想寄托一种情感，我对莲花的情感，这里面也隐藏着一个文。"刘曦林在石鲁"把山水当作人来画"的主张基础上，又提出了把花鸟当作人来画，把人当作人来画，他认为人物画就是造型艺术的人学，通过画笔去研究人，和山水、花鸟一样，均是以己之心去感人之心、感物之心。由此，画家从于心，好画源于心，即"中得心源"，这是亘古不变的艺术创作规律。

正是在写生教学中，刘曦林阐发了张茂材先生关于主客观关系的十六字箴言，将其视为写生创作的四个步骤：第一步要"有它无我"，遵照客观实际，把细节特征画准确；第二步做到"有它有我"，要把写生进行取舍，经营位置融入主观因素；第三步要"有我无它"，面对写生对象，由我做主融入创作意识，可以移花接木、迁想妙得；第四步达到"无我无它"，无法而至法，此乃艺术最高境界。刘曦林喜欢到自然中去写生，与大自然亲接，让他有了物我两忘、坐忘于山林之中的体验，进而在"养吾浩然之气"中走入"畅神"的境界。而他只笑言："躲了北京的雾霾、北京的会海，何乐而不为哪！"

年逾古稀润育桃李

"'事无难易，只要用心'，开学的当天刘老师就在班里为这一年的学习置陈布势。""刘老师的教学思路与院校不同，他不是照本宣科，而是把自己对艺术的认知讲授给大家。""刘老师的教学思路给我指明了一条康庄大道，也正是这种所思所悟和缘分让我获益匪浅。"这些话均源于刘曦林中国画创作与理论实践研究工作室此次毕业学生的真情流露与感慨。

刘曦林诲人不倦是众人皆知的，家人笑话他"好为人师"，"没当老师真亏"。但在去年以前刘曦林并未有过连续执教的履历，只是答应各种讲座。受道友薛永年、程大利的鼓励，年逾七旬才开始教书。他一方面是希望把自己的美学思想和美术史的观点传承下去，一方面是希望结合实践教学、在教学相长中开辟出一条探寻艺术规律的新路。谈及刘曦林的教学思路，最重要的一点便是他要求自己的学生们一定要读书，而且要读古书。"这是根据我个人的经验，也是根据前人的经验，宋代邓椿曾经说过'画者，文之极也'，他已经将'文'与'画'紧紧地结合在一起了；潘天寿进一步做了补充，画乃'文中之文'，可见对'文'之重要性和'文'之内涵、'文'之修行应该引起更进一步地重视。同时，老一代画家的实践经验也都证明了这一点，黄宾虹是手不释卷的人，齐白石是后来补充了读书才成为大家，潘天寿、傅抱石、陈师曾、郑午昌等大家都是先编写或是教授美术史，而后才去教授绘画的，都有过这样一个过程。陆俨少的时间分配比例'四三三'，四分读书，三分写字，三分画画。这些都是前人给我们留下的宝贵经验。"刘曦林总结说。

刘曦林学术与实践的双修共悟无不体现在他教学中的每一个细节里，他推荐学生们读的书从唐代张彦远的《历代名画记》、郑午昌的《中国画学全史》、郭味蕖的《花鸟画创作技法十六讲》、刘曦林著《二十世纪中国画史》入手，在读书的同时，临摹任伯年的没骨小写意画，行草临王羲之《十七帖》和孙过庭的《书谱》，隶书临《张迁碑》，做到每天写两张大字为日课，这是个史论与实践、画学与修养并重的教学格局。他更要求学员整体地理解张彦远的理论，要把《书谱》

刘曦林《雅魂》

当美学文章来品味。与此同时，刘曦林通过《历史文脉与艺术规律》（人物篇、花鸟篇、山水篇）大课的讲授为学生们理清中国画之文脉，洞悉中国画之演变，形成他纵向讲史，横向讲论，在历史的演变过程中去把握论的提出与演变的独创性教学思路。

　　刘曦林给予学生们的不是一般技法上的指导，而是触及创作规律和美学思想的教学与思考。在指导学生花鸟作品创作的时候，刘曦林让学生们从《诗经》读起，《诗经》三百篇其中二百多篇写的都是花木鸟兽，从"关关雎鸠"到"鸡鸣不已"到"硕鼠硕鼠",起兴都是动物和植物,背后所说的都是人。"我不一定能解决学生们很多具体技法上的问题,却可以为每一个人指出一条路径,解决他们一生的艺术追求问题——你有什么画病?你有什么个性和灵魂?你怎样调整自己?艺术家一生的过程是认识自我,发现自我,把握自我,高扬自我的一个过程,这就涉及对人的追问,是一条文脉培养了一代又一代人,我们不断繁衍与传承的DNA是和文脉紧密地联系在一起的。"刘曦林说近年常常讲遗传基因和地域文脉,动不动就讲"解剖人家的大脑",所以他的教学思路既讲修养,又讲天才,既有宏观性,也有微观性,尽精微、致广大,从实践到理论再到实践,循序渐进,用情思、文思贯穿整体教学,以综合素养融通艺术瓶颈,兼收并蓄,触类旁通。

文通艺达的中国画践行者

"艺术不是打造的,而是按照规律自然而然形成的,尤其是画派也是自然而然形成的,而艺术家更不是打造出来的。文化是一种积累,是世世代代的文脉的传承、积累和充实。"刘曦林掷地有声地说。

近年来,刘曦林将他理论与实践的阵地转移到了新媒体上——利用网络新媒体做"对话"式美术评论,他的微信微评也别有风味。这也是文艺评论界共同遇到的一个课题,即怎么利用好新媒体进行理论的传播与创新,而刘曦林通过《画坛对话录》栏目与当下的一流画家对话与探讨,从他们的个人创作经验中概括出共性、规律性的认识,实现总结绘画创作经验、把握艺术规律进而走向艺术高峰的初衷。短短的时间里,刘曦林已经与程大利、李宝林、田黎明、蔡玉水、李世南、郭怡孮、何家英、赵建成、郭石夫等数十位著名画家在交谈中尝试性地总结了山水、人物、花鸟、工笔、写意以及各个门类绘画作品的创作经验和艺术规律。他将对话的地点选在画家惯常创作的空间,还原触发画家艺术灵感的场景与细节,以凸显每个人的创作特点和艺术氛围。尝试以这样的方式做美术评论反过来也带给刘曦林以重要的启发和思考——生活铺垫艺术,艺术回应生活,他认为通过对话的方式去深入画家的生活是探索、总结其创作过程及创作经验的一个最好的窗口,而通过这些恰恰可以触及艺术创作根本的、规律性的东西。

刘曦林《一叶竹》

"当今世界，物欲的泛滥有可能破坏人与自然的谐和，也有可能改变艺术的初心。正是在这个时代风潮里，日益显得大自然的可贵，亲和万物的可贵，纯正的自然观和艺术观的可贵，美学意义上的'自然者为上品之上'的可贵。"正是基于这个初衷，刘曦林参与策划了"当代中国花鸟画展"，而"花之魂"正是他为此次画展题写的名称。"基于对中国花鸟画的美学传统和当代现状的关切和思考，着眼于当代花鸟画家诉诸笔端的文化理想和美学境界。欲招花鸟画之魂，当招天人合一之魂，物我两忘之思。"——"花之魂"这个名字便油然而生。

在展览期间，伴随着画册的汇编，刘曦林还策划、主持了一系列讲座和论坛，将学术策划纳入展览的全过程，引发花鸟画与当代人精神生活关联性的思考与探讨。"没有想到，这个展览在无意中打响了，它成为团结花鸟画家的一个重要的平台，在北京展览之后，太原、重庆、广州、山东、西安等多地都纷纷邀请他们前去展览，它在促进全国花鸟画艺术之交流，进一步深化花鸟画之美学境界方面

刘曦林《醉牡丹》

起到了推动作用。"刘曦林总结说。

　　近年来，刘曦林在中国画领域的诸多实践无一不渗透、浸润着他的一个重要思想——"市场跟着艺术走"，无论是"画坛对话录"还是"花之魂——当代中国花鸟画展"都是对这个观点最好的诠释。他指出："良好的市场正是衔接艺术创造与审美需求的桥梁。艺术经营者要了解和尊重艺术的规律，不干预艺术的创作，却需要具有学术性操作的眼光，让真艺术获得实利。今天我们面临着市场戕害艺术的现实，在这样的背景下，艺术要引领市场，市场必须要跟着艺术走。"

"真正的艺术以其独创性开拓了市场，获得了市场，恰恰不是艺术尾随市场的结果，而是市场对艺术的肯定。低档行活的高价位暴涨经不起历史考验！金钱令人迷昏，历史会使人醒悟。我欣赏齐白石的心态，他一生都在卖画，却立定了毁誉不计、'饿死京华，公等勿怜'的变法精神，有名的《发财图》即由此而生。体现着艺术的规律，也体现着艺术引领市场、激活市场的良性机制。艺术市场需要法规来整顿，也需要这种认识和精神层面的整顿吧。"刘曦林说。

很多人说刘曦林太过于理想主义，但刘曦林却说："那我宁可理想主义一点，有这个理想和没有这个理想是不一样的，至少我们在灵魂深处正慢慢地向它靠近！每个人的作画心态都和质量连在一起。"

年逾古稀的刘曦林如今反而变得越来越忙碌了，其精力似不输年轻小辈，他在实践创作、教学相长与理论研究三者间的融会贯通中常常感悟良多、新见迭出。数十年来他以"不忘初心，方得始终"的精神探索历史文脉，挖掘中国画艺术创作的规律；以顺其自然、从于本心的豁达态度寄情山水花鸟，在绘画创作上不断勇攀高峰；以自己的一言一行向学生们诠释"事无难易，只要用心"的理念与精神。75 岁的刘曦林先生正在用他的身体力行为我们解读何谓："青山不老，绿树长青，尊师重道，育人不辍……"

（本文原载于 2017 年 8 月 18 日的《中国艺术报》）

作者简介

谷疏博，黑龙江省大庆人。中国传媒大学文艺学（中国古代文论与美学）博士研究生。主要从事中国古典美学、中国古代绘画艺术的理论研究。在《中国艺术报》等报刊上发表文章 40 余篇。

齐白石的山水画

张志安

　　齐白石的花鸟精妙,特别是草虫小品。他以农民本身特有的情感,赞美着田园中的一草一木、一花一果。螳螂、蝴蝶、蜻蜓、知了、小鱼、小虾、青蛙、螃蟹和田园中能见到的所有花花草草,编织成齐白石田园醉人的风光。齐白石自己的心灵,也都融进这田园风光中,像山中的清泉,是这山的脉搏的自身流动;像海的浪涛,是海的自身情感的宣泄;像日的红灿与光辉,那都是自身热能喷发的结果。这田园风光,是有声有色、有情有景、充满田园意趣的。几乎每一幅,都是发自内心深处的情感的流露。齐白石的山水画,也是这种内心流露的产物。

　　近代大家中,黄宾虹独树一帜,他的积墨深远苍郁,浑厚华滋。所表达出的内在的丰富,那是前无古人的。所谓积墨,即反复落墨,直到尽情尽意尽兴,直到达到自己独有的追求。而齐白石却不是这样。他用简练的笔墨,点染出生活中的几朵浪花,而万里山河,自在其中。

　　他的山水画,像中国古体诗词、言简意浓,寓情寓景于有笔墨处与无笔墨处。画面充满蒙太奇式的诗的思维的跳跃。黄宾虹将丰富寓于笔墨之中,齐白石将丰富寓于笔墨之外。他的画面的许多空白处,是令人神往的,现在我们来看看它的一部分作品。

　　《一犁春雨》,看来是小幅。画下方,半株婆娑春柳,迷蒙阡陌纵横,农夫扶耙正耕耘，画里画外无限春。《旧游所见》，长幅，画下方18只鱼鹰，全用重墨点出，或于淡淡沙滩，或互相张望，或正欲下水，或拍翅嬉戏，或下水捕鱼，有一只嘴上正叼着小鱼一条。一片时隐时现的波纹向远方延伸。远处，半座板桥半爿峰；再远，两抹淡淡远山。空白占了画面的绝大部分。令人感到主

《一犁春雨》

体清新明快，水天开阔邈远，画面充满生机与生的欢乐，笔墨随意，无心雕琢，却有发自内心的对生活的深情与喜悦，并因此而构成画面特有的情调与韵味。"旧游所见"四字用篆。小字三行："前甲辰余游南昌侍湘绮师，遇樟树于舟中所见也。"这是七八十年前的事了。过樟树，樟树正好是我的家乡，那时我还没有出世。在我的童年和青少年时期，那是在赣江和源水见到过许多鱼鹰的。在沙滩、在船沿，看去它们很平和，可在水下，却很凶猛，别说小鱼，就是两三斤、五六斤的大鱼，它们也能捕狄。站满鱼鹰的小船撑来，有时一两条，有时是七八条渔船，在江面围起一个大圈，鱼鹰们下水了，很像人们围猎。鱼鹰脖子上都戴着颈圈，以免它们将捕到的鱼吃了下去。水中的鱼被它们一条条抓了上来，将鱼放进舱内，它们就又下水了，一只只潜下去，又一只只叼着鱼从水底钻出来，渔舟则绕着包围圈转动，人们则撑篙摇橹朝着鱼鹰们呼叫，把抓到的鱼鹰从水面用竹篙拖起来，取鱼入舱后又将鱼鹰赶下水去劳作，那场面，那景象，是很让人着迷的。

　　曾见白石的《牛柳》三幅，笔意空灵。白石的《款款亭亭》，画面只有一只蜻蜓在空际飞翔，画下面除水纹线之外，别无他物。《滕王阁》画下右角一楼阁，一点土坡，画顶左角一抹晚霞中，有一鸟在飞翔。除掉水纹线，

《牛柳》　　　　　　　　　　　《款款亭亭》

所画不足画面的五分之一。大片空阔处，以书法"落霞与孤鹜齐飞，秋水共长天一色"双款相连接。《日初》《一帆风顺》《暮雾归来》《梦中风月》……都是留大片空白而落笔极少的画幅。刘禹锡《秋词》云："自古逢秋悲寂寥，我言秋日胜春朝，晴空一鹤排云上，便引诗情到碧霄。"白石的许多山水画，和这诗一般开阔。而且，正是这空阔处有诗情，有诗的境界。"南朝四百八十寺，多少楼台烟雨中。"这虚空迷蒙的烟雨里，隐约虚无，似是无物，却是实有无数山川、楼台、竹树、寺庙、中土与西天诸神的。而白石画面的空白处，正好留给读者诗一般的遐想。

意趣，笔墨对意趣的充分表达，是艺术作品的灵魂。白石以其质朴，以其童心与纯情，将自然与生活意趣，流露

《滕王阁》

在他功力深厚的笔底。他的画，与人亲近，与人融合，如出自观众的心声与肺腑。《小鱼都来》，多么天真烂漫、多么符合人们童年的童情童趣，而且表达形式与画面感觉也天真烂漫，它的的确确是儿童心理的真实写照，它能引起任何人对欢乐童年的回忆。而山水画《松坪竹马》，引起的却是童年更加直接的感受。那是深山，苍松古屋，石峰突起，屋边松坪，围以竹篱，四童以竹当马为戏，一童且不慎扑地。这就是过去山里孩子的欢乐了。

一幅《烟波荡舟》图，画底以浓墨信笔涂抹，得树一行压底。而后，又信笔拖出满纸波涛，画顶，一人一船在波涛中起落。右边长题："渡湖过海不知休，

《网干酒罢》

《牧童归去纸鸢低》

得遂初心纵远游。行尽烟波家万里，能同患难只孤舟，白石山翁制并题。"画面的确烟波万里。舟在浪里浮沉，人在浪里浮沉，人舟艰辛与共，患难与共。孔子谓："意尽而言止者，天下之至言也。然言止而意不尽，尤为极致。"齐白石的艺术语言是很丰富的，不光是词可达意，而是到了言止而意犹悠远的地步。在《齐白石的山水画》画集中，这幅《烟波荡舟》的画旁，有图话："水无边智无边一叶扁舟浪里钻。觅句寻山独往独来两不耽。"白石笔底，是到了独往独来的境界。他自己说"自有心胸甲天下"，那是不错的。

正因为他有独自的胸襟，有深厚的生活基础，又忠实自己的感情与认知，笔无虚发，言无虚语，笔笔入情、入景、入理、入趣。清水出芙蓉，天然去雕饰。这比起那些只知搬动山头树石组成画面的画家来，自是有天壤之别。渔村、渔舟、小屋。数株垂柳，一抹晚霞，波澜起伏，题"网干酒罢，洗脚上床，休管他门外有斜阳"。编者图话："诗一下子能动感情，何况是横竖不论的诗。"时空情景，归纳得如此鲜明、突出、生动。这也是言止而意不尽的作品。他还有传颂一时的《蛙声十里出山泉》，以及《他日相呼》《借山吟馆图》《归鸦夕照》《牧童归去纸鸢低》……都给人描梦一般美的境界。在那本《齐白石绘山水画》的集子里，萨本介在前言中说："白石老人的山水画，可不是画家现成的天平所能盛得下的。他所画的是一种横竖不讲理，上下不着边际，简直可以说是一种谁也奈何不了的大智慧。"说得很确切。

我也很喜欢白石的书法、印章和他的诗。他的诗也来自胸臆，无词藻堆砌，无言不由衷，于实感中含灵动，于抒情中含诙谐，写景写情写志，既有高度，又烂漫自然。他画《桃花源》，题曰"平生未到桃源地"，起句平易而确切，"臆想清溪流水长"，这有很强的概括力。这一条长长的清溪，显露出桃花源的平静安详清丽。"唯恐居人惊破胆，挥毫不画打鱼郎。"在这里，齐白石的心境亦如桃花源一样幽静平和。他不想在他们的生活中，不想在那平静的水面，激起半点微波。作者作品题句与陶潜心底理想的人间天地，在心境上是如此吻合。他画《杏花草堂》，题"中年自唤老齐郎，对镜居然鬓未霜。儿女不饥爷有画，草堂不露杏花香"。从诗中画中，能看出老人心境是很活跃的。活跃中含着幽默，含着对生活的热爱。他的诗可读性极好，而且形象鲜明，境界曲折，色彩斑斓。"连山掩掩遮遮，窄径曲曲斜斜。落日余霞世界，深林丛树人家。""一点两点黄泥山，七株八株翠柏树。欲寻树杪住僧楼，满地白云无去路。""芙蓉城里满城花，传说人间事可夸。满地红云绕楼阁，此中只合住山家。"齐白石的山水画面，题诗，画面充满诗情，不题诗，画面也充满诗情。而且，无情无意无趣，只是从画谱，从大自然搬来一些无生命的山水树石。这点，在齐白石的诗中已经言及："一笑前朝诸巨手（当然不是全部，也不仅是前朝），平铺细抹死功夫。"一个画家，用时间磨点死功夫那是不难的。而芸芸众生，连政界人物，连巨商大贾，甚至连只具备死功夫的画家们，他们的欣赏能力，也是到死功夫为止。这是艺术眼界决定的。世事就是这样，所以不必感叹。拙朴空灵，是齐白石山水画的基本特征。

立意清新，笔墨出于情，出于感受，出于心底长久萦怀的事物，经沉淀而再闪现，而流露于功力深厚的笔底，这是白石山水，甚至白石所有作品的高度所在。由牧童、农夫、木工，而上升为一代巨匠，上升为世界文化名人；而其牧童、农夫、木工的质朴平易艰辛，仍是其艺术的生发点，仍是其艺术的基石。比起众多文人画家的浮想与虚空，他的作品却是如此坚实，充满缤纷五彩与真情实景。然而，他又从历代文人画中吸取了笔墨与意趣上的精华。这就像生物工程，两个基因的结合，发挥出两个方面的优势，从而派生出一个新的、生命力极强的新的种属。齐白石艺术是经过漫长时间的探索融汇，到衰年才孕育成功，卓然不凡的。这就是衰年变法。实际是数十年向文人画的高度攀登，而后又向田园的本源回归，而形成一代高峰。

衰年变法成果最丰硕的是花鸟，特别是瓜果草虫小品。笔墨章法，形神意趣，那是到了无与伦比的地步。山水也不例外。

"自有心胸甲天下。"有如此胸襟，才能筑起如此巍峨的巅峰。

作者简介

张志安，已故中国画画家。1930年生，江西樟树人。生前任教于江苏省宜兴陶校。为中国美协会员，江苏省陶瓷艺术学会原副理事长，宜兴市政协副主席。

真气弥漫的生命本色

——论齐白石书法

姜寿田

齐白石作为一代国画大师，他将传统文人画在现代推到一个崭新的发展境界。他的绘画成就不仅仅体现在传统笔墨上，而是全面体现在绘画精神的开拓和创新上。传统文人画在意境和绘画精神上，往往表现出荒寒萧索、遁世高蹈的荒索意境和厌世情绪，而齐白石绘画则一扫传统文人画的面目和颓废情绪，代之以积极的入世精神，洋溢着人生情趣和对生活的热爱，并表现出真率、浪漫、自然的审美风格。

"他画的题材也和旧文人画大不相同，劳动者所用的钉耙、镢头、竹筐、柴筢、瓦罐等都屡屡在他笔下出现，儿时常见的各种草虫、青蛙、鱼虾、瓷器，以及放牧打柴等都是他最喜爱的题材，甚至算盘、秤砣、老鼠、蚊子都可入画。"（陈传席语）这些日常生活题材的审美表现，显示出齐白石的民间性眼光和农民本色。齐白石来自社会下层，靠自学获得了必要的传统文化知识和修养。因而，齐白石并不是一个严格意义上的传统文人，正是这种来自社会下层的生活经历，使他的绘画体现出传统文人画所不曾有的鲜活的生活气息和民间审美情调。他的画远承徐青藤、石涛、八大、扬州八怪，近师缶庐，集诸家之长，为传统文人画开一新面。如果说传统文人画的最高境界是无关人间烟火的"逸格"的话，那么齐白石

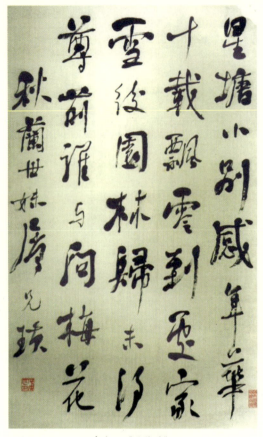

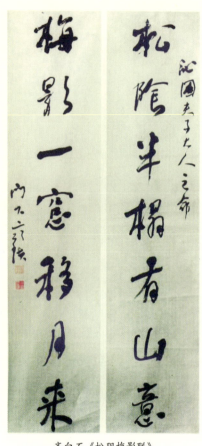

齐白石《致秋兰》   齐白石《松阴梅影联》

绘画所体现出的却是烂漫鲜活的人生世相——在绘画精神上由避世走向入世。

　　齐白石书、画、印三绝，他的绘画审美精神也同样体现在他的书法、篆刻上。其篆刻取法《三公山》《天发神谶碑》，奇倔雄肆，单刀直冲，继吴昌硕之后，开现代篆刻大写意新境。齐白石书法早年学何绍基，他30多岁写的何绍基体，形神兼备，神足气完，具有很高水平，这说明他的书法在早年便打下深厚的传统功底。后取法金农、李北海、米芾、黄山谷，化古为我，自揭须眉，形成长枪大戟、风神凛然而又不乏名士气、不衫不履、破空横行的书法风格。从齐白石书法的取法来看，他基本偏重文人书风一路，而他的书法也无不是从文人书风一路化出。但他在书法审美观念上却无疑与传统文人书法有着根本的冲突。传统文人书

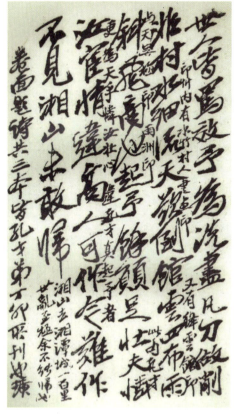

齐白石行书手札

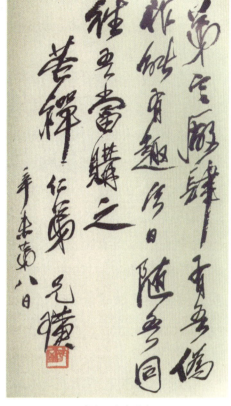

齐白石行书信札

法从"二王"、苏东坡、黄山谷的重韵、书卷气，到明代董其昌的重禅气、淡意，再到刘墉重庙堂气，以致最终形成帖派末流的馆阁体。由暗弱到死寂，传统文人书法可谓每况愈下。齐白石书法不重韵，也不重禅气、庙堂气，而是重神——来自生命本真的自由精神。齐白石书法没有传统文人书法的蕴藉、风雅、矜庄之态，更没有其末流的酸腐、孱弱。他的书法一如其画，自然质朴，大朴不雕，"不欲深藏圭角"，有一种天真烂漫的稚拙之美，而且愈老愈见出烂漫之境。与其绘画的笔精墨妙、炉火纯青相较，齐白石书法有一种矫杰横发、不为合格的残缺美。而与其说这是齐白石书法在技术层面把握的欠缺所造成，倒毋宁说是一种脱略技巧而对内在精神深层把握的显示。刘熙载说："名家贵精，大家贵真。"这堪称直入书法三昧的名言。齐白石书法虽表面看来不无粗疏荒率，但其真气弥漫，透出一种生命本色，精神抖擞处显见别才和天才。如以"真"诀来评价现代书家，恐无出齐白石右者。

因此，我对有的论者仅从技术层面评价齐白石书法，并从其书法局部技术层面的缺失来否定齐白石的书法大家地位，颇不敢苟同。

书法作为艺术的最高境界，是生命境界。如果将书法仅停留在一般意义上的形而下技术层面，则其书法即使笔精墨妙，其艺术价值也不会太大。书法贵天成自然，贵在写出真性情，也正是在这个意义上傅山才力倡"宁丑毋媚，宁拙毋巧，宁支离毋轻滑，宁真率毋安排"的"四宁四毋"理论。我非常欣赏明代赵宦光在《寒山帚谈》中的一段说："无意而得处，不可认为村鄙。自然而成处，不可认为粗俗。抑扬顿挫处，不可认为脱误。散诞不羁处，不可认作野狐。此皆神逸妙用，顾其人如何，其造诣如何，其作用究竟如何，未可以一笔一字定其功过也。"以此观照齐白石书法，不亦可乎？

（本文原载于姜寿田《现代书法家批评》之《上编·齐白石》，标题为周平所加）

作者简介

姜寿田，中国书法家协会学术委员会委员，《书法导报》副主编，中国艺术研究院中国书法院研究员。

"吾儿不负乃翁意"[1]
—— 齐良琨花鸟画胜谈及其他

李季琨

开篇赘语

已故画家朱新建称："我一直在找齐白石的反对意见，但我发现很少，越是有文化、有成就的人，就越佩服齐白石；反而一些名头小的画家在不停地挑刺。我想是他们看不懂。"[2]这段话至少有这么几层意思：一是尽管人们对美术史上大师级的人物不乏异见，但对白石老人持反对意见的却很少；二是那些对齐白石持反对意见的人自身文化品位与艺术水准都不高；三是结论：这些人不懂齐白石。由此可知，齐白石一直是一位业内外人士所服膺的艺术大师。

作为艺术家，为绝大多数人所推诚服膺殊非易事，除了其自身艺术卓绝、且能构建一个艺术体系之外，还能有那么一群拥趸追随者，围绕着这位艺术家逐步形成一个美学趣味、艺术主张、创作方法和表现风格相似或相近的艺术流派。齐白石，正是这样一位既构建了其本人遗世独立的画、印、书、诗综合艺术体系，又创立了卓荦大观之齐派艺术的一代宗匠。

齐白石三子齐良琨，就是齐派艺术营垒中一员骁将。

白石艺术衣钵相传

齐白石自谓生平"为万虫写照，为百鸟传神"。子女受其影响，学画者颇多。而白石老人南方这"一兜子"儿女中，于画艺夙具慧根的就数三子良琨。他受父亲笔下栩栩如生、精妙绝伦的各类草木山石、水族禽虫的长年濡染，自是受益非浅。老人自然也希望晚辈中能有人克绍其裘。跟随父亲学画，自然成了良琨早年学业与生活中的必有之义。齐白石四子良迟先生生前曾说："父亲在湘潭的结发妻子陈春君——我的大妈妈，生了五个孩子……只有三子齐子如学画，而且画得相当好。当年白石老人的画已经出了名，齐子如的一些画，也几乎可以与老人的画相媲美。"[3]

齐良琨（1902—1955）字大可，号子如，自号渔家村人。毕业于中央大学法政系。曾任教于北平艺专、北平京华美院及湖南衡山南岳艺术专科学校。早年随父习画。民国九年（1920）从父赴京就学，同年拜父亲挚友陈半丁为师。四年后自立谋生。1950年春就职于东北博物馆（现辽宁省博物馆）。1955年6月30日病逝于沈阳。

齐白石素喜良琨事亲恭顺，秉性聪慧，待人谦和。齐良琨到北京随父亲习画不出数年，"在南纸铺也挂上了笔单，卖画收入的润资，倒也不少，足可自立谋生"。[4]

齐良琨23岁时，为父亲友人湘潭郭葆荪作《兰花巨石图》，白石老人题曰："乙丑四月夏，余由京华携如儿还湘，其为葆兄六弟画此。须知白石有儿。"题款叙良琨作画缘由之余，对儿子称道、期许之情可谓溢于言表。（图1）

尽管良琨如此上进，齐白石对儿子要求仍相当

图1 齐良琨《兰花巨石图》

严格，时时予以激励鞭策，促使儿子在艺术上注重书画、诗文的全面发展。齐白石曾有诗赠良琨《如儿同居燕京七年，知画者无不知儿名，以诗警之》云：

吾儿能不贱家鸡，北地声名与父齐。
已胜郑虔无子弟，诗文莫比乃翁低。[5]

齐良琨35岁与父亲合作《蜻蜓莲蓬图》，齐白石题曰："子如画虫学于予。其时予年才过四十，画虫之工过于乃翁。""如儿画蜻蜓，老萍画莲蓬。"（图2）

大致从这一时期开始，父子二人常有合作。

良琨40岁后画艺大进，齐白石每以自己从艺经历及心得予以勉励、鞭策。齐良琨作《葫芦小雀图》，白石老人题道："此小帧乃良琨四十岁后所作，再工不易，勿易百钱斗米，留作自家老年参考何如。"（图3）

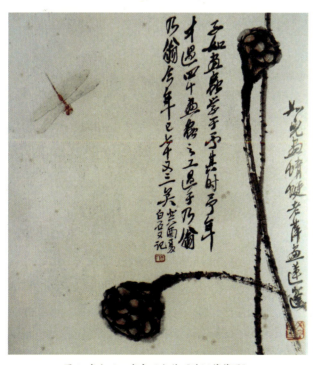

图2 齐白石、齐良琨合作《蜻蜓莲蓬图》　　　　图3 齐良琨《葫芦小雀图》

　　择其优者依样存稿，是丹青家千百年来之传统，亦为习此道者家法传承。良琨自莫能外。他45岁作《兰花虫笼图》，白石老人予以充分肯定，题曰："予作画自以为好矣，必依样画数幅。儿辈子如亦学予，予见此虫笼，第三幅也。"（图4）

　　民国三十四年（1945）神州光复。翌年10月，齐白石与溥心畬受时任国民

图4　齐良琨《兰花虫笼图》　　　　　　　图5　齐良琨《山花图》

图 6 齐良琨《秋叶蝗虫》　　　　图 7 齐良琨《丝瓜黄蜂》　　　　图 8 齐良琨《红叶彩蝶》

党中央宣传部长、国民政府中央文化运动委员会主任委员张道藩之邀，联袂南下，先后在京、沪两地举办画展，并从事相关文化活动，历时两个月。回到北平，见良琨之画又有变化。齐良琨48岁作《山花图》。白石老人题曰："山花乱发不问名。借山老人自金陵归后，见子如作有花草，喜其有山林气，每为题字。"（图5）

　　文化艺术出版社出版的《齐子如画集》[6]收录了齐良琨一批谨守齐氏家法、呈现齐派风范的画作，有的即置于白石老人画集中，足可乱真。（图6—图8）

　　齐白石、齐良琨父子时常合作。二人最常见的合作形式，就是在儿子画好的

图 9 齐白石、齐良琨《红梅双蝶》　　　　图 10 齐白石、齐良琨《荷花蜻蜓》

图 11 齐白石、齐良琨《红蓼彩蝶》　　　　图 12 齐白石、齐良琨《稻穗螳螂》

图 13 齐白石、齐良琨、齐　　图 14 齐白石《水墨青蛙图》　　图 15 齐白石《寿桃灵芝图》
良迟、齐良已合作

工致昆虫画面上，白石老人补以写意花草。凡此类父子合作神品的显著特征，画幅上莫不是父亲题款，儿子钤以"子茹画虫"朱文印，或父亲的款识注明画幅中的父子分工。（图9—图12）

齐白石四子良迟（字恩庆，号子长）、五子良已（字子泷，号迟迟）亦先后随父学画，擅长花鸟，且均有相当高的造诣，为齐派艺术增添浓墨重彩。齐良琨与二位弟弟及其家族中不少后来者，成为齐派艺术阵营中极为重要的方面军。有一幅白石老人与良琨兄弟三人的父子合作，堪称珠联璧合，相映生辉。（图13）

齐良琨体弱多病，奈何作画过多伤身。且喜其妻张氏贤德，亦能作画，白石老人曾说："儿媳张紫环能画梅花，倒也很有点笔力。"[7]

1951年，齐良琨病重。白石老人得知，深感忧虑，特将背面以炭笔标有"上上神品"字样的《水墨青蛙图》题写"赐如儿寿比爷（湘潭方言读若"牙"，即父亲）长"一语，托人带给齐良琨，以示祝福。（图14）

1955年，白石老人特作《寿桃灵芝图》，并题"愿如儿健步加餐长寿年"赠与齐良琨。（图15）

无奈天不假年。

齐良琨病逝以后，为免超高龄的白石老人过度悲伤而发生意外，家人始终未将良琨辞世一事告诉老人。

齐白石易子而教

齐白石从艺之旅一路行来，师友而外，又得历代名碑名画与各地风物人情滋养，在审美上形成一种独特的艺术视角与追求，在创作上形成一种遗世独标的艺术风格：既是重、拙、涩、稳与畅意挥洒、纵横涂抹的水乳交融，又是纤毫毕现、剔透玲珑的艺术呈现。齐白石对自己的艺术追求与风格的初步形成，是有高度自觉与自信的。在定居北京后不久的民国九年（1921）某日，一友人得清乾嘉间书画篆刻家陈鸿寿（号曼生）印章一枚，以印拓前来请齐白石题笺。齐白石题云："吾有独到处，如令昔人见之，亦必倾佩……曼生先生之刻此印，吾当喜而记之。"[8]

正由于持定了这种"不同流俗"的审美趣味与艺术追求，齐白石不仅备尝了在艺术探索中的愉悦与艰辛，也深深知道自己在当时北京艺坛的落落寡合、木秀于林。民国十九年（1930）印行的《花果册》上有其自题诗一首，就谈到了这种境况："冷逸如雪个，游燕不值钱。此翁无肝胆，轻弃一千年。"于下方又自跋云："余五十岁后之画，冷逸如雪个。避乡乱，窜于京师，识者寡……"9

因为齐白石于求艺的态度从来是"我是学习人家，不是模仿人家学的是笔墨精神，不管外形像不像"10，所以，对待自己众多的及门弟子，齐白石也从来都是告诫"学我者生，似我者死"。对学生尚且如此，对有志于艺术的子孙，除了带在身边，使之耳濡目染，悉心传授家法之外，他更懂得古人"易子而教"的道理，使他们转益多师，是让晚辈们成才的必由之路。

经过观察，齐白石心仪于交往多年的同道挚友陈半丁。

陈半丁（1876—1970）名年。浙江山阴（今属绍兴）人。早年师事沪上书画篆刻巨擘吴昌硕，并得任伯年、蒲华等名家教益，得海派真传。30 岁应金城（字拱北）之邀进京鬻画卖印，深受欢迎。不久吴昌硕到京为弟子揄扬，陈半丁声誉益隆。民国六年（1917）聘为国立北平艺专中国画教授。三年后与陈师曾等人一道发起成立中国画学研究会。又二年后，与齐白石一道参加陈师曾组织策划的苏东坡诞辰 885 周年纪念活动，1957 年任北京中国画院副院长。

齐白石通过陈师曾与陈半丁订交于民国六年。齐在民国九年（1920）日记中回忆道：

> 陈半丁，山阴人，前四五（年）相识人也。余为题手卷云：半丁居燕京八年，缶老、师曾外，知者无多人，盖画极高耳。余知其名，闻于师曾。一日于书画助赈会得观其画，喜之。少顷，见其人，则如旧识。是夜余往谈，甚洽。11

《白石老人自述》亦称："民国六年（丁巳·1917）我这次到京，除易实甫、陈师曾之外，又认识了……浙江绍兴陈半丁（年）……"12

此后，在北京的文人社交与美术活动中，便可频频看到齐白石与二陈交游的身影。有研究显示，民国十一年（1922）十二月，"北京湖社画会举行周年画会展览，陈师曾、陈半丁和齐白石合作的《三友图》，陈师曾写墨竹、陈半丁画黄菊、齐白石写紫色老少年一株，时人评其曰：'虽各寥寥数笔，书卷之气盎然，所谓士大夫画也。'"[13] 也不时可以看到齐、陈二人合作的画幅。（图16、图17）

图16　齐白石、陈半丁《菊花鹌鹑图》1944年 纸本设色 118cm×40cm 荣宝斋藏

图17　齐白石、陈半丁《菊花蟋蟀图》1940年 纸本设色 66cm×30cm 荣宝斋藏

也就是在此期间，齐白石将良琨拜师陈半丁之事付诸了实施。

据《陈半丁》一书介绍："1917年，陈半丁与第二次来京的齐白石相识，成为至交，往来颇多。大约在1920年，齐白石将自己最得意的三子良琨（子如）送至陈半丁门下，随陈半丁学画。"[14]

齐可来在《齐子如画集》的后记中说："子如先生十八岁的时候，白石老人把他送到友人陈半丁的门下，他的一些花鸟画的秀丽风格，明显地映出恩师的影响。"[15]

而据齐白石本人日记则说，良琨拜入陈半丁门下时在民国九年："七月初六日，子如、移孙同往陈半丁（年）处。伊叔侄皆执弟子礼于半丁先生。"读了此篇日记，

图18 陈半丁《葫芦菊花》　　　　图19 齐良琨《何妨依样》　　　　图20 陈半丁《桃花海棠》

才知道与良琨一同拜半丁先生为师的，还有齐白石最为钟爱的长孙齐秉灵（号移孙）。良琨时年19岁。[16]

目前尚未见到直接记述齐良琨师事陈半丁后师生二人的交往的史料。但齐良琨自从拜师陈半丁后，画风逐渐发生了较为明显的变化，这一点是毋庸置疑的。在半丁先生的指导和影响下，海派绘画色彩明丽、雅俗共赏的艺术风格次第呈现在齐良琨的笔端。下面试将他们师生二人的画作作一比较，即不难看出这种师承与嬗变。（图18—图21）

继而试将齐良琨的此一师承关系往上追溯，不妨将齐良琨与海派绘画宗匠吴昌硕的画作亦作一比较。（图22—图25）

二十世纪五十年代良琨去世之后，半丁老人在最能体现齐子如这一风格的多幅遗作中，题下了不少充盈着怜爱之意的款识。今天人们深深感谢《齐子如画集》

收录良琨所作这一套册页，通过这些画作及其题款，得以体察这对师生的深厚情谊，并借此领略齐良琨的这一种画风。兹略举数端如次：

齐良琨作《萱花草虫》。半丁先生为题："湘潭齐良琨为白石翁第三子，余之得意门弟子……"（图26）

陈半丁、齐良琨师生合作《柳枝秋蝉》。陈半丁题曰："门人齐良琨画秋蝉。半丁老人写柳枝成之。"（图27）

宋代欧阳修有诗句云："野径冷香黄菊秀，平湖斜照白鸥翻。" 陈半丁用以题写齐良琨《蚂蚱菊花》云："门人齐子如画秋虫，半丁老人写菊。"（图28）

更有半丁老人在齐良琨遗作上题"半丁、子茹生死合作"此等沉痛语者，可谓感人至深。（图29）

图22 吴昌硕《花卉册页》

图21 齐良琨《桃花蜜蜂》　　图23 齐良琨《花鸟长卷》（局部）

图24 吴昌硕《紫藤》　　图25 齐良琨《紫藤》

图 26 齐良琨《萱花草虫》

图 27 陈半丁、齐良琨《柳枝秋蝉图》

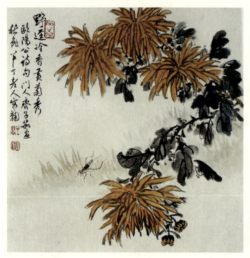

图 28 陈半丁、齐良琨《蚂蚱菊花》

图 29 陈半丁、齐良琨《葫芦蝈蝈》

齐良琨艺术成就

一、齐良琨的绘画

其实前文无不在谈齐良琨的绘画艺术。这里只是聊作补充。

将刻画极为工致的昆虫与大写意挥写的花草在同一画幅完美呈现，齐白石为中国花鸟画史上第一人。齐良琨曾说："画工细虫而又用粗笔补景，唯白石老人有此法。"[17]

齐良琨艺术虽云胎息于白石老人，颇能得其父艺术三昧；且兼而能从半丁老人处吸收海派绘画艺术营养，得以初步形成个人风格；然古今绘者成就大名的必修课，即聪慧如良琨者，亦绝不能外：一曰师古人，二曰师造化。

师法古人，是自古画人成才的必由之路。

齐白石早年蛰居家山，从师友藏书藏画中得以与古人神交，获益良多。中年游历天下，胸罗万象，眼界既阔且高。良琨人生际遇与上天厚待虽明显不及乃翁，然父亲对他的言传身教与艺术熏陶，使得良琨犹如坐拥一座旁人所不能及的艺术宝库。

对于师法前贤，白石老人有一首人们耳熟能详的绝句：

> 青藤雪个远凡胎，老缶衰年别有才。
>
> 我欲九原为走狗，三家门下转轮来。

齐良琨对古人画作审美趣味的第一课无疑来自于父亲。《齐子如画集》完整地再现了二十世纪四十年代良琨临摹八大山人的一套册页。良琨于首页题有一段话道其缘起："一九四七年秋，徐州李可染持八大山人花鸟册页影印本与观。爱而临之。"这正与白石老人自道："白石与雪个同肝胆，不学而似，此天地鬼神能洞鉴者"同一机杼。[18]

笔者无缘得观可染先生当年所持八大山人花鸟册页，当然也无从披阅齐良

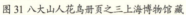

图 31 八大山人花鸟册页之三上海博物馆藏　　图 32 八大山人花鸟册页之九上海博物馆藏

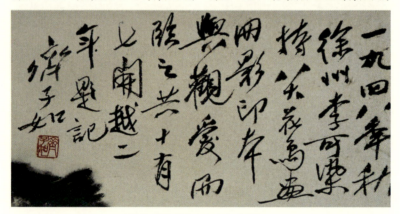

图 33　齐良琨临八大山人册页之一

图 34　齐良琨临八大山人册页之六

琨其他临摹八大之作。但不妨从这一册页中选取若干，与八大山人本人所写花鸟作一比较，聊作管中之窥：不难发现，从鸟雀的造型与神态，到树干、石头的勾皴，之间的一脉相承与肝胆相照，正如白石老人所言，惟"天地鬼神能洞鉴者"！（图30—图34）

除了临习古人范本，齐良琨还注意从本土乡贤的佳作中汲取营养。王可山，清乾嘉间湘潭画牛高手，齐白石早年曾于家山师友的皮藏中读到过王可山墨迹，现白石老人存世作品中不乏用王可山法所绘画作。可玩味的是，齐良琨用王可山法所作牛图为指头画，这是良琨画作中仅见的指墨。（图35）

师法造化，是白石老人伴随其艺术生命始终的功课。1956年，老人获得上一年度的世界和平奖。他看到获奖证书上毕加索的和平鸽素描，童心绽放，对着家养的鸽子写生，画了一批鸽子图。后与学生胡絜说："他（指毕加索）画鸽子画出了翅膀的振动。我画鸽子飞时翅膀不振动，但要在不振动里看出振动来……画鸽子要画出令人感到和蔼可亲。"[19]此古人所谓"遗貌取神"也。

师法造化于齐良琨，既是传统，亦为家法。据齐良琨之子可来回忆：父亲"年轻时用奖励铜板的办法，鼓动村里的小孩捉来各种昆虫；他对那些小生灵怀有浓厚的兴趣观察细致入微，百看不厌。即使到了晚年，在他的画案上还是能看到一些昆虫的标本。"[20]

如前所述，齐白石、齐良琨

图35 齐良琨临八大山人册页之四

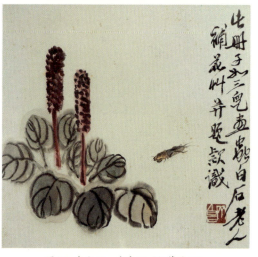

图36 齐白石、齐良琨《红蓼蝼蛄》

图 37 — 40 白石老人工致昆虫一组

父子二人笔下之物象，常常呈现于同一画幅。这种珠联璧合，乃不可再现的艺术瑰宝，亦即典型的齐派家风。

惟其如此，才使得有一种疑似臆说一度颇有市场，说白石老人存世的工虫花草画幅中，写意花草是齐白石所画；而老人因目力不济，工致昆虫则多为良琨代笔。其实此说不难廓清。

一是《齐子如画集》中收录了若干齐氏父子珠联璧合的工虫花草，如前文图例若干所示，父子的分工明确：良琨画工虫，画上钤以"子如画虫"之印；齐白石一般都有款识。有的款识更写得明明白白："此册三儿子如画虫，白石老人画花草。"（图36）

二是北京画院藏有一批为数颇多的齐白石所绘工致昆虫，当系老人目力尚好时绘就，纤毫毕现，精美绝伦。兹略举数端：[21]（图37—图40）老人生前藏珍于箧底，一旦应人所求，或馈赠挚友，老人于画幅之上即席"一挥"——添上写意花草即可。

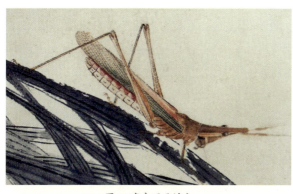

图 41 齐良琨画蝗虫

图 42 齐白石画蝗虫

图 43 齐良琨画蜻蜓

图 44 齐白石画蜻蜓

　　三是良琨所绘工虫固然精美，然与其父笔下工致昆虫比较，高下立现。（图41—图44）在这一点上，白石老人弟子于非闇当年的评述颇中肯綮：

> 　　齐老师亲自画出来的工笔草虫，和他自认为是他的衣钵传人齐子如先生（老师的三子）所画有明显的不同……子如先生的画，确实可以乱真；可是比起齐老师的工笔草虫，总是觉得工致有余而气韵不足，不如齐老师的有筋有骨，有皮有肉，使人耐看。[22]

　　而当人们观赏半丁老人为之题款的齐良琨画作，则明显地可以看出，呈现的是浑然纯然一派海上画派的风貌，端的两副心手、两种面目。惟可恨造化弄人！也就是说，因为齐良琨英年早逝，他的花鸟画是尚未能熔铸一炉，未能形成只属于他齐子如一人的独特画风，笔者作为齐白石的乡人与齐派艺术的热爱者，不能不掩卷浩叹。

　　二、齐良琨的书法

图45 吴昌硕行书（一）

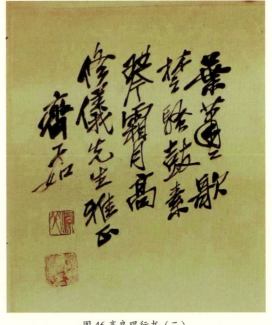

图46 齐良琨行书（二）

中国绘画与书法之间的先天性关系、书法于中国绘画的决定性作用，前贤之述业已大备，毋庸赘言。值得饶舌一句的是，只能画而羞于写，其行也不远矣。

齐良琨的书法，浸淫于其父，起点、心手自高。加之转益多师，博采众长，下笔自不同凡响。遗憾的是，至今尚未见到齐良琨单纯的书法作品，只能通过他画作上的款识文字领略其书艺书风。齐良琨行书不似其师半丁先生温润儒雅，而线条劲健俊朗，倒有几分吴昌硕行书的飞扬动感与金石味。

齐良琨与吴昌硕行书比较:（图45—图48）

齐良琨没有其父持凿运斤的腕力与劲道，父亲的篆书风格是学不来的。从早年齐白石一再钩临《二金蝶堂印谱》，即间接可知白石心仪于赵之谦篆书。赵氏篆书奇倔雄强，而偏偏推重吴熙载:"我朝篆书以邓顽白为第一，顽白后近人惟扬州吴熙载、绩溪胡荄甫。"[23]吴熙载篆书飘逸潇洒。将齐良琨篆书与赵、吴两家略作比较，不难看出之间的师承关系。

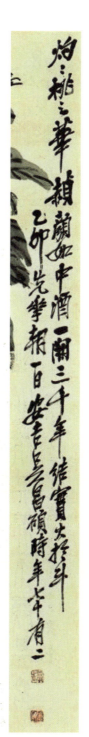

图47 吴昌硕行书（二）　　图48 齐良琨行书（二）

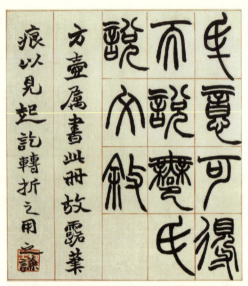

图 49 赵之谦篆书

图 50 吴熙载篆书　图 51 齐良琨篆书

齐良琨与赵之谦、吴熙载篆书比较（图49—图51）

三、齐良琨的文化贡献

一是弘扬了齐派花鸟画艺术。

齐白石艺术体系博大精深，花鸟画，其一也。齐良琨穷毕生之力攻其一点，不及其余，成就卓然，在中国现代美术史上书写下浓墨重彩的一页，为丰富齐派花鸟画宝库、弘扬齐派艺术立下不世之功。

二是丰富了东北博物馆馆藏。

由父亲推荐，齐良琨得入当时的东北博物馆供职。短短数年，除本人留下大量画作之外，也因为这一层父子关系，使该馆得以收藏为数颇多的齐白石书画作品。应当承认，如果没有这样一份因缘，东北博物馆是难以拥有这批馆藏的。当然，齐白石老师胡沁园之孙胡文效（亦由齐白石介绍至原东北博物馆工作。著有《齐白石传略》等）供职于该馆，玉成白石老人作品于该馆馆藏，亦功莫大焉。

二〇一八年九月三十日 于深圳苦庐

注释

1. 齐白石：《齐白石诗集·作诗以慰如儿之周密》，广西师范大学出版社2009年出版。

2. 朱建新：《我一直在找齐白石的反对意见》，湘潭齐白石纪念馆主编《大匠之门·齐白石研究》第九辑，湖南人民出版社2017年出版。

3. 齐良迟：《父亲齐白石和我的艺术生涯》，海潮出版社1993年出版。

4. 7. 12. 齐白石口述、张次溪笔录，北京画院主编：《白石老人自述》，广西美术出版社2014年出版。

5. 齐白石：《齐白石诗集》，广西师范大学出版社2009年出版。

6. 15. 17. 18. 20. 齐可来绘，欧阳启名主编：《齐子如画集》，文化艺术出版社2003年出版。

8. 16. 齐白石：《白石杂作·一九二一年（辛酉）》，北京画院编《人生若寄·北京画院藏齐白石手稿·日记（下）》，广西美术出版社 2013 年出版。

9. 胡适：《章实斋年谱·齐白石年谱》，安徽教育出版社 1999 年出版。

10.19. 与胡橐谈画，转引自刘振涛、禹尚良、舒俊杰主编《齐白石研究大全》，湖南师大出版社 1994 年出版。

11. 齐白石：《庚申日记并杂作》，北京画院编《人生若寄·北京画院藏齐白石手稿·日记（下）》，广西美术出版社 2013 年出版。

13. 朱万章：《陈师曾与陈半丁》，《中国美术》2017 年第 2 期。

14. 朱京生：《中国名画家全集·陈半丁》，河北教育出版社 2002 年出版。

21. 齐白石绘，王明明主编：《天然之趣·北京画院藏齐白石精品集》，广西美术出版社 2015 年出版。

22. 于非闇：《感念齐白石老师》，以群编《齐白石研究》，上海人民美术出版社 1959 年出版。

23. 赵之谦：《书论》，《中国书法全集·71 赵之谦》，荣宝斋出版社 2004 年 5 月出品。

作者简介

李季琨，生于 1949 年。湘潭市人。副研究馆员。曾获"湘潭市优秀技术骨干人才"称号。曾任湘潭大学艺术学院客座教授，现任北京画院齐白石艺术研究中心特聘研究员。撰写数十篇关于地方文史、文艺评论方面的论文参加各级理论讨论会并公开发表。曾在湖南教育电视台栏目《湖湘讲堂》作《齐白石艺术生平》系列讲座，在湘潭、长沙、深圳等地作有关齐白石艺术的专题讲座。著有《湘潭历史文化名人丛书·齐白石卷》，主编《齐白石辞典》《湘潭齐白石纪念馆馆藏齐白石作品集》

齐白石与夏午诒的交游

尹 军

【内容摘要】自 1897 年齐白石初识夏午诒开始，至 1935 年夏午诒病逝，甚至到夏午诒病逝后 8 周年，即齐白石为夏午诒画像并作跋记的 1943 年，在这约 40 年的交往中，齐白石与夏午诒产生了深厚的友谊。文章从《白石老人自传》、齐白石日记入手，理清齐白石与夏午诒的交往线索，呈现齐白石与夏午诒的交往细节，以利于我们更加全面、深入了解齐白石的艺术和人生，为齐白石的进一步研究抛砖引玉。

【关键词】齐白石 夏午诒 交游

引 言

夏午诒（1870—1935），派名启中，原名寿田，字午诒、午贻、午彝、武夷，号耕父、天畸翁、直心居士、德居士等，今湖南省郴州市桂阳县莲塘镇大湾村人。光绪十五年（1889）中举，光绪二十四年（1898）中进士第八名，殿试榜眼及第。历任刑部郎中、山西清吏司行走、翰林院编修、学部图书馆总纂。宣统三年（1911）授朝议大夫。民国元年（1912）任湖北省民政长，民国二年（1913）任总统府内史。袁世凯称帝，制诰多出其手，失败后逃匿天津租界，投曹锟，任机要秘书，晚年定居上海，卖字为生。[1]

恕笔者孤陋寡闻，目前鲜有专门文章介绍齐白石与夏午诒的交游。基于此，笔者试以"1897年，齐白石初识夏午诒""1902年，齐白石应夏午诒之邀游西安""1903年，夏午诒偕齐白石首游京华""1903年，齐白石进京后的所作所为"，"1920年至1922年，应夏午诒之邀，齐白石至少十一往保定""1930年、1933年、1934年夏午诒书信齐白石求书求印""1943年，齐白石为夏午诒画像并作跋记"以及"夏午诒为齐白石的画、印、斋室题词、题字"等8个章节，勾勒、阐述齐白石与夏午诒交游的方方面面。

需要说明的是，本文引用的《白石老人自传》中的文字材料，均出自于齐良迟主编，宗德路、齐展仪副主编的《齐白石文集》，该书由商务印书馆2005年出版，行文时不再一一标注出处和页码。本文引用的《癸卯日记》《庚申日记并杂作》《白石杂作》《壬戌纪事》中的文字材料，均出自于王明明主编、郎绍君执行主编的《人生若寄——北京画院藏齐白石手稿》，该书由广西美术出版社2013年出版，行文时不再一一标注出处和页码。

一、1897年，齐白石初识夏午诒

齐白石与夏午诒相识是在1897年。《白石老人自传》如是说：

> 光绪二十三年（丁酉1897），我三十五岁。我在三十五岁之前，始终未曾离开过家乡，足迹所到之处，只限于杏子坞附近百里之内，连湘潭县城都没有去过。直到三十五岁那年，才由朋友介绍，到县城里去给人家画像。城里的人，看我画得不错，把我的姓名，传开了去，请我画像的人渐多，我就常常地进城去了。祖母看我城乡奔波，在家闲着的时候很少，笑着对我说："你小时候，算命先生说你长大了，一定要离别故乡，看来，这句话倒要应验了。"我在湘潭城内，认识了郭葆生，名叫人漳，是个道台班子（有了道台资格还未补到实缺的人）的大少爷。又认识了一位桂阳州的名士夏寿田，号叫午诒，也是一位贵公子。

二、1902 年，齐白石应夏午诒之邀游西安

1.1902 年，夏午诒招齐白石游西安

齐白石一生中，有一个最重要的经历，便是齐白石在《白石老人自传》里说的五出五归（笔者注：实为六出六归）。而促成齐白石首次远游的就是夏午诒，时间是 1902 年，首游地是西安。《白石老人自传》如是说：

> 光绪二十八年（壬寅 1902），我四十岁。四月初四日，春君又生了个男孩，这是我们的第三子，取名良琨，号子如。我在四十岁之前，没有出过远门，来来往往，都在湘潭附近各地。而且到了一地，也不过稍稍勾留，少则十天半月，至多三五个月。得到一点润笔的钱，就拿回家去，奉养老亲，抚育妻子。我不希望发什么财，只图糊住一家老小的嘴，于愿已足；并不作远游之想。那年秋天，夏午诒由翰林改官陕西，从西安来信，叫我去教他的如夫人姚无双学画，知道我是靠作画刻印的润资度日的，就把束修和旅费，都汇寄给我。

2. 齐白石赴西安远游途中所作绘画

1902 年夏历十月中旬，齐白石从湘潭县出发奔赴西安，路上添了不少画作，并完成了《洞庭看日图》和《灞桥风雪图》的创作。《白石老人自传》如是说：

> 那时，水陆交通，很不方便，长途跋涉，走得非常之慢，我却趁此机会，添了不少画料。每逢看到奇妙景物，我就画上一幅。到此境界，才明白前人的画谱，造诣布局，和山的皴法，都不是没有根据的。我在中途，画了很多，最得意的是两幅：一幅是路过洞庭湖，画的是《洞庭看日图》；我六十岁后，补题过一首诗："往余过洞庭，鲫鱼下江吓。浪高舟欲埋，雾重湖光没。雾开东望一帆轻，帆腰初日挂铜钲。举篙敲钲复缩手，窃恐蛟龙闻欲惊。湘君驾云来，笑我清狂客。请博今宵欢，

同看长圆月。回首二十年，烟霞在胸膈。君山初识余，头还未全白。"
一幅是快到西安之时，画的是《灞桥风雪图》，我也是题过一首诗："名
利无心到二毛，故人一简远相招。寒驴背上长安道，雪冷风寒过灞桥。"
这两幅图，我都列入借山吟馆图卷之内。

3. 到西安后，齐白石课画并游名胜

齐白石抵达西安的时间是1902年夏历十二月中旬，齐白石课画姚无双之余，
饱览西安名胜，《白石老人自传》如是说：

我到西安，已是十二月中旬了。见着午诒，又会到了葆生，张仲
飏也在西安，还认识了长沙人徐崇立。无双跟我学画，倒也闻一知十，
进步很快，我门下有这样一个聪明的女弟子，觉得很高兴，就刻了一
方印章"无双从游"，作为纪念。我同几位朋友，暇时常去游览西安
附近名胜，所有碑林、雁塔坡、牛首山、华清池等许多名迹，都游遍了。

4. 夏午诒介绍齐白石认识樊樊山

在西安时，夏午诒介绍齐白石认识了对齐白石影响深远的一位朋友——樊樊
山，因笔者有专文辑述齐白石与樊樊山的交游，此不再赘述，只录齐白石在《白
石老人自传》中夏午诒介绍齐与樊樊山相识的文字片段，以为证明：

在快要过年的时候，午诒介绍我见陕西臬台樊樊山，樊山名增祥，
号云门，湖北恩施人，是当时的名士，又是南北闻名的大诗人。

三、1903 年，齐白石偕夏午诒首次游京华

1. 离开西安，随夏午诒进京

1903年夏历三月初，齐白石离开西安，随夏午诒进京。有《白石老人自传》
为证：

光绪二十九年（癸卯 1903），我四十一岁。在西安住了三个来月，夏午诒要进京谋求差事，调省江西，邀我同行……三月初，我随午诒一家，动身进京。

那么齐白石离开西安的具体时间是哪天呢？是 1903 年夏历三月初二日，有齐白石的《癸卯日记》为证，录于下：

三月二日，与午贻之京洛，佩苍，少卿送余灞桥，葆荪送临潼，八十里宿华洲。

关于齐白石此次抵达京华的具体时间，齐白石在《癸卯日记》中也有明确记载，是 1903 年夏历四月初五日，兹录于下：

四月五日巳刻（十点钟）上火车，过新安县、新乐县、塞西店、定州、清风店、望乡县（原注：远望北岳如咫尺，送行数百里，在目间若画，惜火车上未先置纸笔，不能为山岳写真面目）、方顺桥、于家庄、保定府、漕河、固城、定兴县、高碑店、琉璃河、涿州、长辛店、卢沟河桥，至京都，斜日。凡行六百五十里，可足快心意，往南城骡马市侧北半截胡同，由西河过琉璃厂街口出大街。

2. 进京途中，齐白石所作诗、画

（1）进京途中，齐白石所作之诗

齐白石由西安入京华途中至少有诗四首，三月初四诗一首，三月十一日诗一首，三月十四日诗一首，三月二十七日诗一首，兹录《癸卯日记》数则于下。

三月初四日，七十五里宿华洲，枕上得怀人诗一首：梅花积雪桃花雨，老马春寒万里行。扶病寄书能念我，怀人无日不怜卿。太真石（原注：在古皇城，太真物）畔三升泪，西子图中无限情。消瘦沈郎知薄命，寄言知已到倾城。

三月十一日，宿（笔者注：此字应为衍字）九十里宿铁门。此数日喜骑马，晨兴乘车，午前骑青骢，午后骑白马。马上补作前六日诗一首（笔者注："前六日"即三月初五日，应是三月初五日有诗兴，但未成诗，或已成诗，却用其他纸片抄录，但未入日记，所以有此说）题云："夏太史午贻谐游入都，过华岳庙，同登万岁阁看华山。余画图寄郭观察葆荪于长安：壮观须上最高楼，胜地重游且莫愁。碑石火残存五岳，树名人识过青牛（原注：一作借青牛），日晴金掌横天立，云近黄河带水流。归卧南衡对图画，刊文还笑梦中游。"

三月十四日，枕上得诗一首：天涯何处异尘寰，三月东风出汉关。十里碧桃花不断，浔溪流水画嵩山（原注：浔溪，问之于土人。）

三月二十七日，邯郸道中诗，语言可自笑，敢录稿焉：劫后轮蹄补幻游，卅年还怯梦公侯，缘何网却阎罗法，生赐车中撞骨头。

（2）进京途中，齐白石所作之画
齐白石由西安入京华途中，至少作画九幅，均有《癸卯日记》为证，兹录于下：

三月初六日，三十五里宿潼关。灯下作华岳图草，寄赠葆弟。

三月初八日，宿灵宝县，尚斜阳，画《函谷关图》。行六十里。

三月十一日，余画图寄郭观察葆荪于长安。

三月十四日，八十五里宿浔溪湾，画《嵩山图》。午刻过偃师县。

三月二十二日，行二十里过柳园口，渡黄河，顺风片时过去，快极。

因桃花汛未发，故又二十五里宿井龙宫，灯下画《黄河图》。

三月二十四日，五十里淇县宿，时未到午刻，畸丈人见店壁间石粉纹似佛像，有眼、耳、鼻、身、意，属余就壁勾画。坐面壁式，高五尺余，乃平生得意作。畸丈人又属余烛之钩稿，伊题一律云：曾向嵩高望薜萝，偶从光影画维摩。三桑未觉情年长，一苇真愁世法多。下笔早闻花雨落，劫灰方见神鬼呵。龙藏法树飘零尽，谁为金人写髻鬘。蜀东痴土亦题云：山人补屋妙牵萝，面壁居然悟达摩。色相已空衣钵少，涅槃无碍宝珠多。写成佛子三生现，词有仙曹一气呵。我欲传灯参大法，幸君击鼓又吹螺。

四月初三日，余为写真，又写接引佛，共得三稿，午后归栈。

四、1903 年，齐白石进京后的所作所为

1903 年，齐白石与夏午诒由西安之京华，夏历四月初五日抵达，夏历闰五月十八日离开，前后勾留时间 70 来天，在这 70 来天的时间里，齐白石日常事务繁多，真可谓"不教一日闲过也"。归纳起来有六：课姚无双画，为夏午诒刻画，为其他朋友刻画，博览、临习金石书画，选购文房用具，读书、观剧、赏《秘戏图》。

1. 课姚无双画

录齐白石《癸卯日记》数则以证：

四月十二日，辰刻，午诒忽然客气，奉来修来北平精舫，巳刻初，令无双画蚕桑。

四月十三日，课无双画。

四月十四日，课画。

四月十九日，巳刻课画。

四月廿八日，课无双画。

闰五月初三日，归来日未落，课画。

闰五月初五日，补课无双画，带病为。

2. 为夏午诒刻画

录齐白石《癸卯日记》数则以证：

四月十九日，清晨，为午诒画《白云红树图》。

四月廿日，辰刻，为午诒画《梅花书尾图》。

四月廿一日：晨兴，画《借山吟馆图》与午诒。既数百年前有李营邱先生《梅花书屋图》，又有高房山先生《白云红树图》，徐文长先生《青藤老屋图》。不可不存数百年后有齐濒生先生《借山吟馆图》之心。

四月廿四日，辰刻，为午诒画山水中幅，非他人故意造奇之作，别有天然之趣，造化之秘泄之尽矣，午诒极称之，余恨八大山人及徐青藤，苦瓜僧不能见我。

四月廿七日，为午诒刊字印。

五月一日，巳刻归，陈完夫送题借山吟馆诗来，复为午诒以双心印再刊。

五月三日，为午诒刻"天奇丈人"印。

五月四日，为午诒刻名印一。

五月五日，为午诒刊名字二。

五月七日，为午诒画梅花于长丈二尺白绫横幅，当代画家所不能为，午诒称好。

五月十日，为午诒刊双星不语印。

五月十二日，为午诒刊石印二。

五月十三日，为午诒刊印。

五月十四日，为午诒画文姬像。

五月十七日，为午诒画美人。

五月廿日，小病将起，为午诒画《管夫人出猎图》，美绝。

五月廿一日，为午诒作画。

五月廿六日，雨更大，比故乡春雨一般，为午诒画冷金纸册页二。

五月廿七日，又为午诒刊名印。

五月廿八日，为午诒画册页一，又刊印二。

五月廿九日，为午诒刊印。

闰五月二日，与午诒刊"哀窈窕思贤才"印。

闰五月三日，为午诒刊"萧条高寄"印。

闰五月六日，为夏大刊印一。

闰五月十日，平明检衣笈，为午诒刊印二。

闰五月十四日，为午诒刊印一。

闰五月十五日，为午诒刊印二。

闰五月十六日，为午诒刊印三，未刻，午诒践行于花前，三更尽，归。

闰五月十七日，为午诒刊石四，皆极小者，风尘所遇，不怜惜我之劳苦者，独有午诒。所欲刊，以苦余为乐，呼明日将出牢囚矣。

据笔者统计，齐白石《癸卯日记》所载为夏午诒刻画作品共计 49 件，其中篆刻 28 件，绘画 21 件。详情请参看附录一。

3. 为其他朋友刻画

录齐白石《癸卯日记》数则以证：

四月十五日，清晨，为樊云门刊大印一。"诗龛"二字仿龙宏（笔者注："宏"应为"泓"之误。龙泓即丁敬。）篆法。

四月十六日，清晨，为云门篆刻"勇毅公六世孙印"印大二寸，石太坚，刻成，大指痛不能忍，观之紫血如豆起。

四月廿二日，为完夫画箑，一面山水，一面达摩。

五月二日，为李梅庵篆刻"黄龙砚斋"四字。

五月五日，为嗣元刊名字二。

五月六日，早之陶然亭，画其图，为完夫作《栈春图》一。与嗣元书，伊复书。为筠庵刊石印一。

五月九日，为少青及某（午诒之友）各画扇一。

五月十一日，为晓棠刊印二，皆佳。

五月廿一日，篆刊石印赠贡吾，印侧款云"光绪壬寅冬，夏午诒以游长安相招，与子言别不遇，耿耿，癸卯夏复客燕京，一日，欲游陶然亭，马后有呼余字者，驻之，则晏树舫也，得知子寓，今经月余，无日或不相聚。身行万里，不期偶逢，三生幸矣。子将返湘，纪之于石为别，并为我故园传语平安。

闰五月一日，又为筠庵素所识之佳人画团扇一。

闰五月二日，为嗣元刊印三。

闰五月三日，为筠庵刊"筠庵守拓"印。

闰五月四日，为筠庵刊印一，又为嗣元刊印三，皆神品，又为子芳刊印二。

据笔者统计，齐白石《癸卯日记》所载为他人刻画作品共计73件，其中篆刻44件，绘画29件。详情请参看附录二。

4. 博览、临习金石书画

录齐白石《癸卯日记》数则以证，

四月十五日，巳刻，厂肆主者引某大宦家之仆携八大山人真本画册六页与卖，欲卖千金，余还其半不可得，意欲去。余钩其大意为稿，惜哉未印赏鉴印。末页赏鉴印皆国初名人。余观所藏丁黄照本印谱中之飞鸿堂及小松司马印，又有小松赏鉴等印，共四十八印，无不精良。午后又携大涤子真本中幅来，亦卖千金，不可分少。余欲留之，明日来接，不可。代午贻出金六百数，不可。共前册页合出千金，不卖。余印"眼福"印付之，即去。

四月廿四日，初日，平明读厂肆送来戴务旃本孝山水册，造局颇不平正，暇时当再三读之。册后记云：务旃画与程穆倩相似。余藏有《吟莲馆印存》中，印侧拓款有"穆倩"二字古篆，精细入微，今日始知穆倩工画。

四月廿六日，辰刻，永宝斋、延清阁共有五处，皆送画与余观，大涤子画册及昨日所看之中幅八大山人之画佛，少伯先生石花中幅，一并留之。有八大山人伪本画册，其稿无当时海上名家气，临八大山人本无疑，亦留之，余即退去。

四月廿七日，未刻，筠庵来，偕游厂肆，得观大涤子真迹画，超凡绝伦。又金冬画佛，即是赝本稿亦佳，筠庵有冬心先生墨竹伪本，格局用笔无妙不臻殊。今人见之，便发奇想。黄昏，返筠庵处，观青藤老人中幅，又见沈石田山水册十有二纸，皆伪本。

五月廿五日，临大涤子画。

五月廿九日，筠庵来书招饮于某酒馆，晤王吉来。复过筠庵处，假来汪秀峰先生所集秦汉人印谱八本及江（笔者注，疑漏"浙"字）七家印存册页，均拓边款。余以八本中其字篆法佳者，画其大意，得二百余字。

闰五月一日，临画稿七纸……看送拓蔡中郎书《夏承碑》照印本。后释云，"夏承碑，八分之奇品也。"午诒学之，未能仿佛一二也。其中失去三十字，翁正三（方纲）于他本临补之，颇似之，得筠庵书索画，晚间附书送画去。晚间看江浙七家印谱，以丁、黄为最，李梅庵藏本。

闰五月三日，忽得筠庵书，云今日欲去琉璃厂肆，有吴楚生退还名人字画多多，皆二家兄所赏选者。自来京三月来，不多见真迹，今日可一饱眼馋矣。移时未去，筠庵竟来，偕午诒具去。所看之画，一半不伪，即名家所为，令人心折少也！余前见名人画，见其笔墨不高平庸无味者，作伪观。李筠庵向余曰："君画品太高，前人寻常之作看轻宜矣，君所见，以自不能到为名人真迹无疑，要知名人亦只如此之好。"余信然。今日以黄鹤山樵为最好，大涤子、王石谷次之，八大山人之伪可丑，所观太多，不能尽记。

5.选购文房用具

录齐白石《癸卯日记》数则以证：

四月十日，午后，午贻偕游琉璃厂肆。永宝斋石印颇多，田黄价三十换，白寿山三十换。凡石温润者，高有一寸，价或十两或八两，中等石或六两，午贻为无双购画具。向晚归。

四月廿五日，午刻复去琉璃厂肆，于清秘阁购诗笺二十簏，又诗筒十五簏，皆贵极，购白寿山石三方，留赠三菊。

五月廿三日，未刻，偕筠庵去琉璃厂定笔赠沁公，自又定笔十有六枝。

6.读书、观剧、赏《秘戏图》

录齐白石《癸卯日记》数则以证，

四月卅日，早餐终，忽积善来，呈澍舫书，言贡吾来，欲余即去。余去始知偕余观剧。剧之传神，想天下不可再有。演《狐狸园》作狐狸之四姑者，字曰"灵芝草"，殊令人销魂欲泣，黄昏归，午贻来谈。余称北地人最胜天下人者，戏子也。午贻甚以此语为然，得罗布纹田冻一，值六金。

五月二日，巳未，与雨涛去天乐园观剧，班名"玉成"。

五月五日，灯下重看《儒林外史》。

五月十六日，晏七来，余与贡吾、子芳去喜乐园观剧，向晚归。

五月廿二日，之燕喜堂观剧。

五月廿三日，筠庵出《秘戏图》与观，用情用笔皆细精入妙。此种生平所见，此为最者。

从齐白石进京后的所作所为，我们看到了一个青年学子、艺术家异常勤勉的忙碌身影。在这里还有三件事不得不提，第一件事是齐白石为自己多日不读书而痛泣；第二件事是齐白石坚拒重金索画者；第三件事是拒绝夏午诒的捐官。兹依次将齐白石记叙这三件事的文字录于下：

四月二十三日，昨夜梦中痛泣，自出借山吟馆不曾看书。余尝谓人曰，"余可识三百字，以二百字作诗，有一百字可识而不可解。"今夜算来大约只可识一百五十字矣。倘明年不欲归去，比一字都不识者不如。不识字者言语有味，天性使然。而余三日不读书，语言无味。不识字做官可矣，纯是官腔。或欲自娱，或欲医俗，非识字所不能也。日出为鸦惊醒，泣尚未收。（见《癸卯日记》）

闰五月四日，有宋某者以十金索余工笔中幅，余辞之。又以四金索一美人条幅，余亦辞去。余为夏大知我偕来，重金轻情，非君子也。夕阳归。（见《癸卯日记》）

到了五月，听说樊山已从西安启程，我怕他来京以后，推荐我去当内廷供奉，少不得要添出许多麻烦。我向午诒说："离家半年多，想念得很，打算出京回家去了。"午诒留着我，我坚决要走。他说："既然留你不得，我也只好随你的便！我想，给你捐个县丞，指省江西，你到南昌去候补，好不好呢？县丞虽是微秩，究竟是朝廷的命官，慢慢地磨上了资格，将来署个县缺，是并不难的。况且我是要到江西去的，替你打点打点，多少总有点照应。"我说："我哪里会做官，你的盛意，我只好心领而已，我如果真的到官场里去混，那我简直是受罪了！"午诒看我意志并无犹豫，知道我是决不会干的，也就不再勉强，把捐县丞的钱送了给我。我拿了这些钱，连同在西安、北京卖画刻印章的润资，一共有了二千多两银子，可算是不虚此行了。（见《白石老人自传》）

前两件事，可以看出齐白石对自己近乎严苛的自律。这种自律包括两个方面，一是自律于学习，一是自律于道德。而第三件事则说明齐白石对自己有一个客观、公正的认识，他非常清楚自己是一个怎样的人，适合于干什么，不适合干什么。或者换一句话说，齐白石对"自己将成为一个怎样的人"，很早就有了打算，并且意志坚定，毫不犹豫。正是由于齐白石具备了这种严格的自我约束和高度的自我认识的品质，齐白石才会在艺术的道路上走得越来越远，才会成为一个不断磨砺自我、成就自我的艺术大师。

五、夏午诒为齐白石的画、印、斋室题词、题签

1.1903 年，夏午诒为齐白石的《借山吟馆图》题字、题诗

所题字为"借山吟馆图"五字隶书，款识是"滨生先生，寿田"[2]（见图 1）。

所题诗为七律，款识是"长安奉题滨生大兄《借山吟馆图》，寿田"[3]（见图 2）。

兹将释文录于下：

三华春深接九疑，汀兰皋若满幽期。

图1 夏午诒题《借山吟馆图》镜心 纸本 29.5cm×48.5cm 无年款 北京画院藏

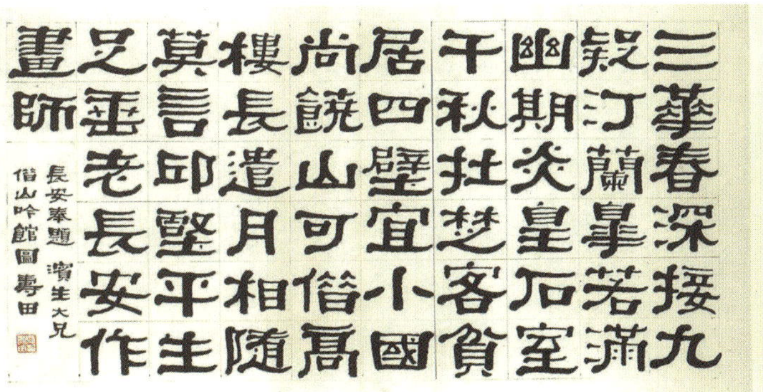

图2 夏午诒题《借山吟馆图》镜心 纸本 29.5cm×48cm 无年款 北京画院藏

炎皇石室千秋在，楚客贫居四壁宜。

小国尚饶山可借，高楼长遣月相随。

莫言丘壑平生足，垂老长安作画师。

《借山吟馆图》题词、题签均未落年款，为何把时间定在1903年，是因为题词款中有"长安奉题"字样，可知是齐白石至西安后请夏午诒所题，而齐白石至西安时，已是十二月中旬，故有此断。

2.1917年夏历五月二十三日，夏午诒为齐白石《借山吟馆图》题长诗一首

款识是"奉题白石先生《借山吟馆图》即送南旋，岁在丁巳五月二十三日，天畸"[4]（见图3）。兹录释文如下：

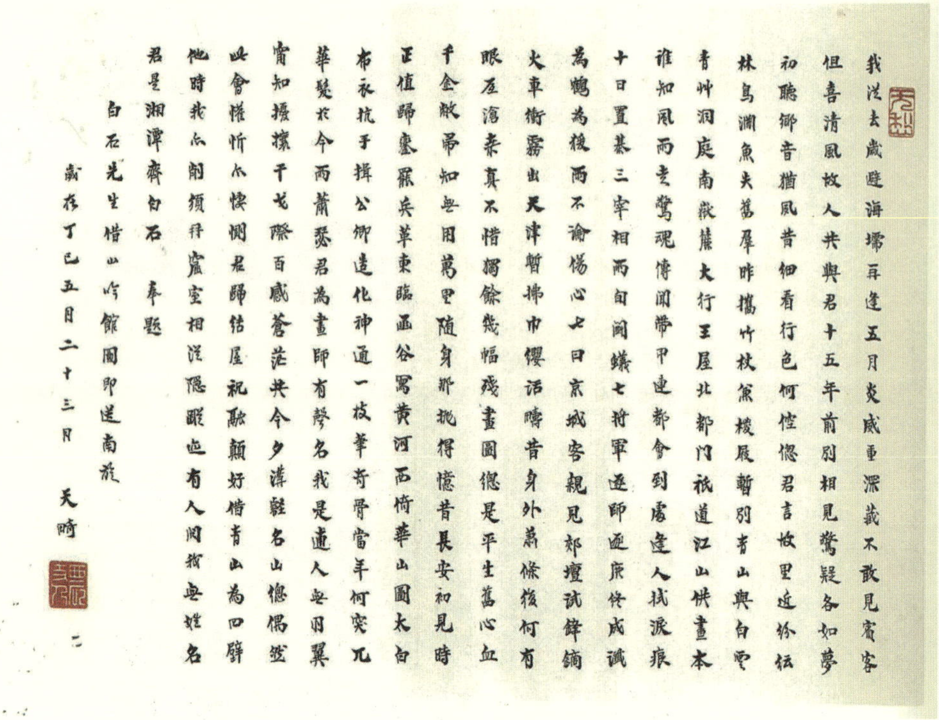

图3 夏午诒题《借山吟馆图》镜心 纸本 29.5cm×46.5cm 1917年 北京画院藏

我从去岁避海壖，再逢五月炎威重。

深藏不敢见宾客，但喜清风故人共。

与君十五年前别，相见惊疑各如梦。

初听乡音犹夙昔，细看行色何佗傺。

君言故里近纷纭，林鸟渊鱼失旧群。

昨携竹杖兼楱屐，暂别青山与白云。

青山洞庭南岳麓，太行王屋北都门。

只道江山供画本，谁知风雨走惊魂。

传闻带甲连都会，到处逢人拭泪痕。

十日置棋三宰相，两旬斗蚁七将军。

逐师逐鹿终成识，为鹤为猿两不论。

伤心七日京城客，亲见郊坛试锋镝。

火车冲雾出天津，暂拂巾缨话畴昔。

身外萧条复何有，眼底沧桑真不惜。

独余几幅残画图，总是平生旧心血。

千金敝帚知无用，万里随身哪抛得。

忆昔长安初见时，正值归銮罢兵革。

东临函谷写黄河，西倚华山图太白。

布衣抗手诣公卿，造化神通一枝笔。

奇骨当年何突兀，华发于今两萧瑟。

君为画师有声名，我是逋人无羽翼。

宁知扰攘干戈际，百感苍茫共今夕。

沟壑名山总偶然，此会欢欣亦凄恻。

君归结屋祝融颠，好借青山为四壁。

他时我亦削须拜，窟室相从隐踪迹。

有人问我无姓名，君是湘潭齐白石。

3.1917 年，夏午诒为齐白石作《齐璜石印歌》[5]

兹录释文于下：

附丁巳作齐璜石印歌

齐璜手中一寸铁，夜凿昆仑山骨裂。

君看石上蛟龙字，尽是齐璜心上血。

昆刀切玉玉如泥，齐璜笔力无与齐。

仓颉造字鬼夜哭，李斯刻画夷九族。

齐璜生年五十六，不畏鬼神为祸福。

苍龙玺，玄武章；小者侯，大者王，

下至布衣无名位。

愿得先生一只字，齐璜与之无短长。

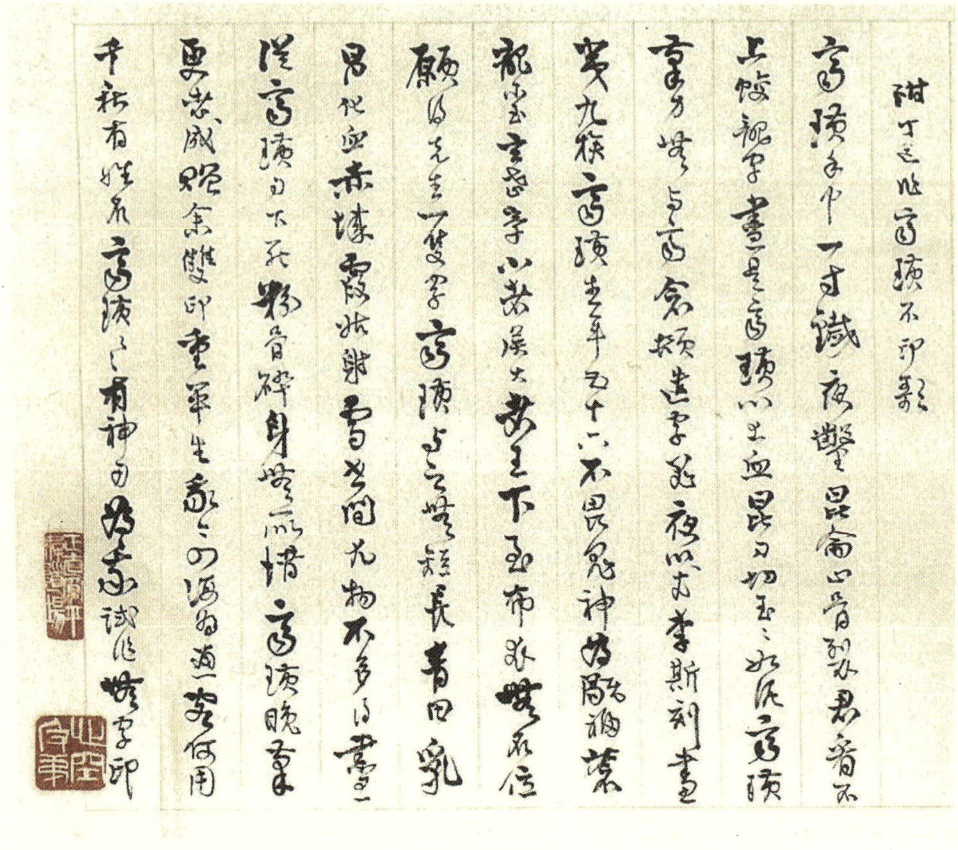

图4 夏午诒题《齐璜石印歌》卷、纸本和下文的图5在同一卷上，该卷尺寸为37cm×179cm 无年款 北京画院藏

青田乳，昌化血；赤城霞，姑射雪，

世间尤物不多得。

尽从齐璜刀下死，粉骨碎身无所惜。

齐璜晚笔更老成，赠余双印重平生。

我今四海为逋客，何用千秋有姓名。

齐璜齐璜有神刃，为我试作无字印（见图4）。

4. 约1923年，夏午诒为齐白石作《甑屋先生传》

兹录释文于下：

《甑屋先生传》直心居士夏寿田撰

瓶屋先生齐璜，湘潭人，世居白石山下，其作画常署白石山人，云家贫，年十三，父使从木工，辄能以己意雕写人物有致，老工不及，一县称齐雕，它日齐雕名者，百金不能致。当先生为学徒冶艺时，日入无过百钱，贫如故。时时以己意作画，偶入故家，见八大山人写山水，必能为之，画不已，又攻缪篆，其大母诫之曰：瓶无米，煮画可食耶？画稿累累，家人窃为薪。先生二十三，游潭肆，鬻一画，甚喜。归家具酒食，为大母及二亲寿。先生年六十，居京师为画伯，时时道及，为泣下。名所居曰"瓶屋"焉。先生尝造图四：曰窃笑、曰恣骂、曰忧思、曰哀泣。湘绮大师一见，亟致之门下。湘潭故多奇材异能士：八指头陀不识字能为诗，张铁匠通《公羊春秋》，皆湘师高足，后先知名于世。岁壬寅，余假奉樊侍郎西安，致先师为樊山师作印。遂与登太华，出潼关，望嵩高，渡黄河，礼真定大佛，拉杂入画稿。至京城，遍走厂甸画肆，无当意者。求见故家名迹，不时得至文，不乐辞去，久久不相闻。岁丁巳，复相见郭将军、杨参政家，握手道故。尝为张巡抚一出，恣赏桂林山水。径还，筑画室白石山巅，屏人事独居者且十年，日磨山中顽石为印。出视刻画，果尤异，为作《齐璜石印歌》。先生久鬻画京都，时相过从。观作画，后后必有异前前。要皆出己意，不为古人屈。其纵意所至。正使古人亦无以过之。凡从求画，国中自大总统以下，外至日本贾人，必先以金至。而菜佣过门，或求以菜易画，先生时时应之。先生曰：吾屋瓶也，以金至，以米以菜固无择。一日过余请曰："我尝从湘师，求志先大母墓。师曰：'子年少乃知求此有用之文，固当如子意。'我今幡然，颇念故人，亦为我作有用之文可乎？"余笑曰，凡文皆无用，有用者，独金与米与菜耳，遂又为作《瓶屋先生传》。系之以赞，赞曰：画屋如瓶，画瓶如屋。以饘以粥，以歌以哭。巢林一枝，饮河满腹。天地一瓶，吾生具足[6]（见图5）。

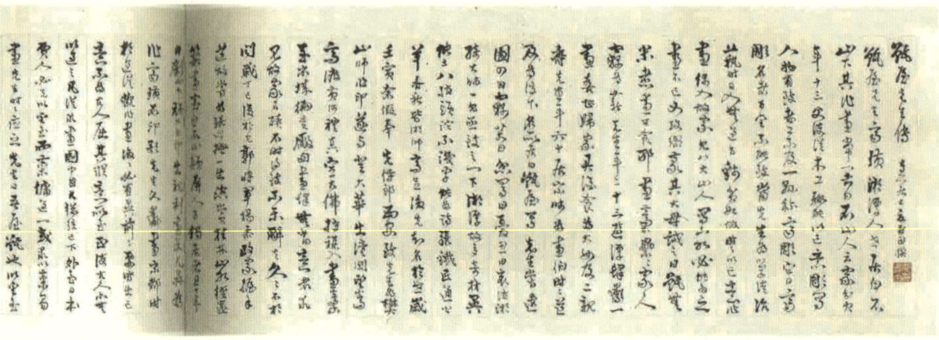

图5　夏午诒题《甐屋主人传》卷 纸本和上文的图4在同一卷上 该卷尺为 37cm×179cm 无年款 北京画院藏

图6　齐白石　甐屋卷 纸本 31.5cm×129cm 1923年 北京画院藏

　　此件手迹现藏于北京画院，夏午诒于丁巳所作《齐璜石印歌》，即抄附其后。因无年款，书写的具体时间无法确定，但传记中的"先生年六十，居京师为画伯，时时道及，为泣下，名所居曰'甐屋'焉"与齐白石于1923年正月所作《甐屋》[7]行书横幅的跋语相合。（跋语云：余童子时写字，祖母尝太息曰："汝好学，惜生来时走错了人家。俗云：三日风，四日雨，那见文章锅里煮，明朝无米，吾儿奈何？"廿余岁时，尝得作画钱买柴米，祖母笑曰："那知今日锅里煮吾儿之画也。"忽忽余年今六十一矣，作客京华，卖画自给，常悬画于屋四壁，因名其屋曰"甐屋"，依然煮画以活余年。痛祖母不能呼"吾儿同餐"矣！（见图6））

　　另传记中的"凡从求画，国中自大总统以下，外至日本贾人，必先以金至。"与齐白石1922年的自述相合。（1922年，齐白石的画作在日本展出后，引起轰动，齐白石在同年的自述里说："经过日本展览以后，外国人来北京买我画的很多，琉璃厂的古董鬼，知道我的画，在外国人面前，卖得出大价，就纷纷求我的画，预备去做投机生意。"）而传记中"国中自大总统以下"中的"大总统"

应是指曹锟，齐白石曾为曹锟作画刻印，而曹锟是在 1923 年 10 月贿选为第五任中华民国大总统。故断夏午诒为齐白石所作《甑屋先生传》的时间约在 1923 年 10 月以后。

六、应夏午诒之邀，齐白石至少十一往保定

1.1920 年，第一次邀齐白石游保定

（1）1920 年夏历十月，夏午诒首游保定

据目前资料可知，夏午诒第一次邀齐白石游保定是 1920 年夏历十月。十月初一，夏午诒派人接时在北京的齐白石去往保定，十月初三日，齐白石至保定，有齐白石《庚申日记并杂作》为证：

> 十月初一日，夏君使人来接余去保定游玩，为朱悟园题《悟园诗存》云：前清庚子前，余喜读乾嘉间人之诗，友人笑其非古。庚子后喜读古人之诗，世人笑其非时。偶遇痴顽如余者，窃诵且吟，而有著短衣者忽然参入吾辈，自以为耻，即闭其口。风俗之移人，有如是也。乙未三过都门，获观《悟园诗存》。林畏庐奇称之，余亦以为怪事，今年与悟园同居象坊桥观音寺，榻隔垂帘，常闻吟声，余笑语曰："悟园虽有绝唱，只有候蛰赓酬，犹不以为寂寞，欲与余同趣耶？"少顷，悟园出《悟园诗存》见示。其诗之格调属王摩诘、陶渊明之一派，余更以为大怪矣。欣诵再三，记而归之。时庚申十月初一日，越今一夕，移筑保定，湘潭齐白石。

> 十月初三日，十一钟往东交民巷……与沙某交清一件。午后两点钟应耕父之邀往保定灶君庙街。耕父出矣，独坐得诗三首。

（2）齐白石离开保定的时间

此次游玩保定，齐白石离开的时间是 1920 年夏历十月二十五日，有齐白石的《庚申日记并杂作》为证：

> 十月廿五午刻，由保定搭京汉车，午贻翁派孟福以免车票送汉口。

（3）齐白石在保定所作所为

此次在保定勾留 23 天，主要做了两件事，第一件事与齐子如书信，第二件事作诗七首

与齐子如的书信，有齐白石《庚申日记并杂作》为证：

> 十月初七：与如儿书第一号，余与如儿约以别后之信作为第一号起。
> 十月廿二日：得子如廿一日书，日来与子如书往来颇多，未尽记。
> 十月廿四日：与子如书。又得子如书。

作诗七首，有《庚申日记并杂作》为证：

> 十月初三日：惜画并序，（余画蜻蛱，人爱之。强之去不可还，以诗惜之。）青蛙上纸无灵血，飞落人家无返时，客路千口头似雪，生涯一画胜民脂。
> 十月十三日，作十指诗云：
> 去年苦作他人嫁，今岁为人作嫁忙。
> 嫁后即嫌针线拙，笑人僧寺紫丁香。
>
> 十月廿四日，题梅花诗四首
> 草间偷活到天涯，不为饥趣苦别家。
> 拟画借山老梅树，呼儿同看故园花。

种树自高为处士，看花谁想作秦人。

心肠铁石从来硬，劫后相怜十二分。

佛号钟声烦恼场，僧房清净话荒唐。

此心已在西山麓，梦里梅花绕屋香。

入溪松影龙翻浪，洗砚墨花云布天。

此景闲规甘让鹤，安宁能待五千年。

十月廿四日，又作《由燕返湘近乡遇雪》诗：

隔年痴想兆丰收，肩不能挑老可愁。

南地从无三寸雪，遗蝗飞纵遍山丘。

2.1921 年，夏午诒三度邀齐白石往保定

1921 年夏历五月，八月，十月，夏午诒三度邀请齐白石往保定。

（1）1921 年夏历五月，齐白石往保定

此次至保定，齐白石勾留时间为 13 天，有齐白石的《白石杂作》三则以证。

五月初一日：约东迈饮，午前天畸来京，以电话约余同去保阳。

五月初二日：午后，同天畸往保阳，住灶君庙街。

五月十四日：由保定还京师。

（2）1921 年夏历八月，齐白石往保定

此次至保定，齐白石勾留时间 11 天，录齐白石《白石杂作》二则以证：

八月十日：天畸偕往保定，住双彩五道庙街七号门牌，天畸生于

庚午十月廿日，吴缶老润格寄交如儿，并车票四套，又白者一张，又
画成虫子十只，又双钩古今人印赚一本，又《汉印集韵》钞本一本，
纱衣两件。

八月廿二日：晨刻到汉口，晚酉刻上吉安轮船。

根据齐白石《壬戌记事》记载，齐白石1922年夏历六月初三日申初刻由保
定上京汉车，初五日寅初刻到汉口，中间行程约40个小时，那么从齐白石八月
廿二日晨到汉口，可以推算齐白石离开保定的时间是八月廿日午后。

（3）1921年夏历十月，齐白石往保定

此次至保定，齐白石勾留11天，录齐白石的《白石杂作》四则以证：

十月十五日：夏天畸偕游宝府，夜间到。

十月十六日：与如儿并移孙函。又与杨重子函，问煎菌油赠天畸
有否，又言正阳亲家之阿荷欲归翁家事。门人为画小像，余自题四绝句，
天畸喜其一，余即存其一：身如朽木口加缄，两字尘情一笔册，笑倒
此翁真是我，越无人识越安闲。

十月廿一日：吴副使部下张传烜，字春熙，求刊印，为天畸画关
岳像成，伊以为不如前画二像之用笔超绝也。

十月廿五日：回京。

3.1922年，齐白石五度往保定

1922年夏历五月，六月，八月，九月，十月，齐白石往保定。

（1）1922年夏历五月，齐白石往保定

此次至保定，齐白石五月十九日抵达，闰五月十五日离开，勾留时长为25天，
主要活动是作画，为曹锟刻印，并得诗8首，挽词一幅，录齐白石《壬戌记事》
7则以证：

五月十八日：得天畸翁书，始知伊住保，请余住保。

五月十九日：夕阳到保，住双彩五道庙街七号夏天畸家。

五月廿二日：得如儿复禀，闻郭慈园之太夫人于廿一日夜戌时作古。余即欲往唁，无奈曹君有印石索刻，不能出保。已作书付儿辈，令其先去一看也。夜来枕上得挽词云：故国人民非大母，飞灵万里莫求当日宅；慈园风月好佳儿，扶病公余得事老年亲。

五月廿四日：画余得吊画诗三首：
工夫深处反成非，献璞翻劳则足归。
有福儿孙垂老日，挥毫不必与时违。

楚弓得失不须论，无梦求全署姓名。
他日有人能认得，须题白石造弓人。

离奇与世岂相谐，卖画中华合活埋。
暂喜不挥求米帖，千金三幅紫桃开。

五月廿七日：连日所作之画题诗。
《老来红》
圆角檐前风露稀，青衫误尽少年期。
老来竟有人怜惜，认作珊瑚七尺枝。
《朱藤》
半亩荒园久未耕，只因天日失阴晴。
旁人犹道山家好，屋角垂香发紫藤。
《自题一丈红画幅》
南北东西四面风，著苗何苦出花丛。
画来不过长三尺，犹被人呼一丈红。

闰五月初七日：《题画鸡头菱》

不忘同唱采菱歌，乐事从来有几何。

食我鸡头亲剥肉，不辞纤指刺痕多。

闰五月十五日：巳刻开车，酉后到京。

（2）1922年夏历六月，齐白石往保定

此次至保定，齐白石即至即去，稍作勾留，有齐白石的《壬戌记事》为证：

六月初三日：寅初刻到保定府，辰刻晤天畸翁。余言及归迎眷属及儿辈办婚娶事，天畸皆不以为然。又曰："君我辈欠债过多，不能不还，吾为君忧之，不可活于京师也。余以无论如何居数月仍送归，可居乡则归兮，欲居邑则居邑."天畸笑之，曰："吾之怜君年六十矣，四千余里，一岁往返数回，无人怜君，足想见君之眷属必以为老头健也。"余感天畸之情，虽桃花潭水不如也。与如儿书，午后申初刻由保上京汉车。

（3）1922年夏历八月，齐白石往保定

此次至保定，齐白石八月十日抵达，八月二十日离开，勾留11天，录齐白石《壬戌记事》二则以证：

八月初十日：余为天畸之请往保阳，却无要事，袁克定以绢六幅求余作画于夏君也，方子易为画曹君像不能交去，以郭自存为画得极似者，余配以衣面，加以色，夏君喜之。

八月廿日：今即束装北上。

（4）1922年夏历九月，齐白石往保定

此次到保定，齐白石只住宿了一晚便返京，录齐白石《壬戌记事》二则以证：

九月廿九日：午后到保定，宿夏天畸家。

九月卅日：八点上车，午后到京，始知宝姬病将愈。

（5）1922 年夏历十月，齐白石往保定

此次至保定，齐白石是为夏午诒作未完之画，刻未完之印，只知齐白石是十月十九日至保定，至于何日离开，没有记载，录齐白石《壬戌记事》一则以证：

十月十九日，之保定，前为夏君作画刊石未完工。

十月廿九日，移孙来书。

1922 年十一月初九日，齐白石得长子子贞书，知移孙已于十一月初一病故。齐白石十一月初十日在北京家中设移孙灵位，并请林畏庐为移孙作墓志铭。故断齐白石至迟于十一月初九日离开保定。

4.1923 年，齐白石十往保定

齐白石有《中秋夜与夏午诒在保阳》诗二首，录于下：

倚门望子老亲瘝，燕市三年佳节无。

今夜与君同看月，家山兵乱久无书。

（"佳节无"后有齐白石原注：凡三日五日及八月十五日，多为天畸招往保阳，不在京华。"久无书"后有齐白石原注：时湘军正在交战）

阿戎生子又成行，曾见长安一尺长。

二十年来犹昨梦，绛纱抱子隔无双。

（原注：无双，午诒姬人，曾从事于画）

　　这两首诗到底写于何年，因诗中并无明确纪年，只能依据诗中齐白石的诗文和注释进行推断。诗中告诉我们，齐白石不在京华过中秋已是第三年。从本章的第二节和第三节可知，齐白石1921年、1922年与夏午诒在保阳过中秋，那么第三次在保阳过中秋定是1923年，此其一。其二，诗中有"家山兵乱久无书"句，根据《湘潭市志》第一册的第74页的湘潭大事记记载，1923年9月（笔者注：此处为公历）谭延闿与赵恒惕开战，至11月2日，谭军退，河运始通。此期间，湘潭境内布兵3万余人，民家牲畜被宰食，四乡深受骚扰。此事实与齐白石"家乡兵乱"相吻合。其三，齐白石诗中有"曾见长安一尺长"句，应是指诗中的"阿戎"，阿戎或是夏午诒子、女的小名，齐白石1902年夏历十二月中旬抵长安，停驻至1903年夏历三月初二日由长安赴京华，距离1923年整整20年，此事实与"二十年来犹昨梦"句相吻合。可知，齐白石这两诗写于1923年。笔者为查这两首诗的原稿，翻开《北京画院藏齐白石手稿·诗稿》，诗稿中恰缺壬戌（1922）、癸亥（1923）两年的手稿。再查齐白石日记，日记部分也恰无癸亥日记，更进一步证实，此两首诗作于1923年中秋无疑，此可视为齐白石十往保定。但齐白石此次至保定，何日抵达？何日离开？停驻几日？所作所为？均有待考证。

5. 某年，齐白石十一往保定

　　《齐白石全集》第十卷诗文卷中第102页辑有齐白石诗一首，录于下：

　　　　《八月廿五日往保阳，廿七日返京华，过卢沟桥》
　　　　瓿中有米复何求，奔走逢人老可羞。
　　　　车快一时三百里，厌闻三字过卢沟。

　　为找此诗原稿手迹，笔者遍翻《北京画院藏齐白石手稿·诗稿》《北京画院藏齐白石手稿·日记》，均未如愿。因此诗没有纪年，无法确定写作的具体年代，从诗中"瓿中有米复何求"句，或可断为1922年以后（是年，陈师曾携齐白石画作赴日展售，大获成功。齐白石的卖画生涯，一天比一天兴盛起来）。从诗的标题，我们可以确定齐白石是八月廿五日往保定，八月廿七日离开，所作所为待考。

6. 齐白石十一次往保定一览

为使我们对齐白石自 1920 年开始十一次往保定有更清晰的了解，笔者绘制了齐白石十一次往保定一览表，附于下：

齐白石十一次往保定一览表（时间皆为夏历）

序号	年代	抵达日期	离开日期	停驻时间	所作所为
1	1920 年	十月三日	十月二十五日	23 天	与子如书信往来。得诗 11 首。作画数件。
2	1921 年	五月二日	五月十四日	13 天	书信陈春君、子如。寄画给子贞。
3	1921 年	八月十日	八月廿日	11 天	画虫子 10 只。双钩古今人印篆 1 本，钞汉印集韵。
4	1921 年	十月十五日	十月廿五日	11 天	书信子如、移孙、杨重子、张正阳等。为张传恒刻印。为夏午诒画关、岳像。
5	1922 年	五月十九日	闰五月十五日	25 天	得诗 8 首。作画 10 余幅。为曹锟刻印。
6	1922 年	六月三日	六月三日	稍勾留	与夏午诒商议家事
7	1922 年	八月十日	八月廿日	11 天	为袁克定绢画 6 幅。为曹锟画像。

序号	年代	抵达日期	离开日期	停驻时间	所作所为
8	1922 年	九月廿九日	九月三十日	1 天	待考
9	1922 年	十月十九日	约十一月九日	21 天	作画、做诗，牵挂移孙。
10	1923 年	待考	待考	待考	作《中秋夜与夏午诒在保阳》诗二首
11	待考	八月廿五日	八月廿七日	2 天	作《八月廿五日往保阳，廿七日返京华，过卢沟桥》一首

七、1930 年、1933 年、1934 年夏午诒书信齐白石求书求印

1.1930 年，夏午诒书信齐白石求篆书联

2010 年 9 月，文化艺术出版社出版了《北京画院藏齐白石全集》在第十卷综合卷中的第 309 页，发表了一页夏午诒的手迹，手迹内容录于下（见图 7）：

如梦幻泡影，如露亦如电，无苦集灭道，无智亦无得。直心居士

十字长联，敬求白石翁篆一窄小长联，寿田。[8]

此信虽然无年款，但可以推断是写于 1930 年，推断理由有二，其一，齐白石实现了夏午诒的请求愿望，于 1930 年夏历五月书写了此联[9]，只不过把上下联中相同的"亦"字去掉了，此联现藏于湖南省博物馆（见图 8），其二，在 1933 年夏午诒给齐白石的信中，有"不通笺候者近三年矣"[10]的语句（见图 9），可知三年前是有"笺候"的，三年前的"笺候"或许就是指此求篆书信。

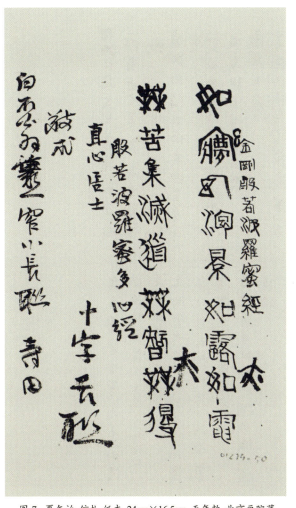

图 7 夏午诒 信札 纸本 24cm×16.5cm 无年款 北京画院藏

图 8 齐白石篆书 楹联 纸本 175.2cm×23.8cm×2 1930 年 湖南省博物馆藏

2.1933 年，夏午诒书信齐白石求刻印

2010 年 9 月，文化艺术出版社出版了《北京画院藏齐白石全集》。在第十卷中，发表了两页夏午诒请求齐白石刻印的信，信中还有所请刻印的内容及章法安排的附件，此信虽无年款，但有"寿田今年六十有四矣"的语句，夏午诒生于 1870 年夏历十月廿日，按照古人计算年龄的方法，夏午诒六十四岁是在 1933 年。

夏午诒书信和附件的文字录于下：

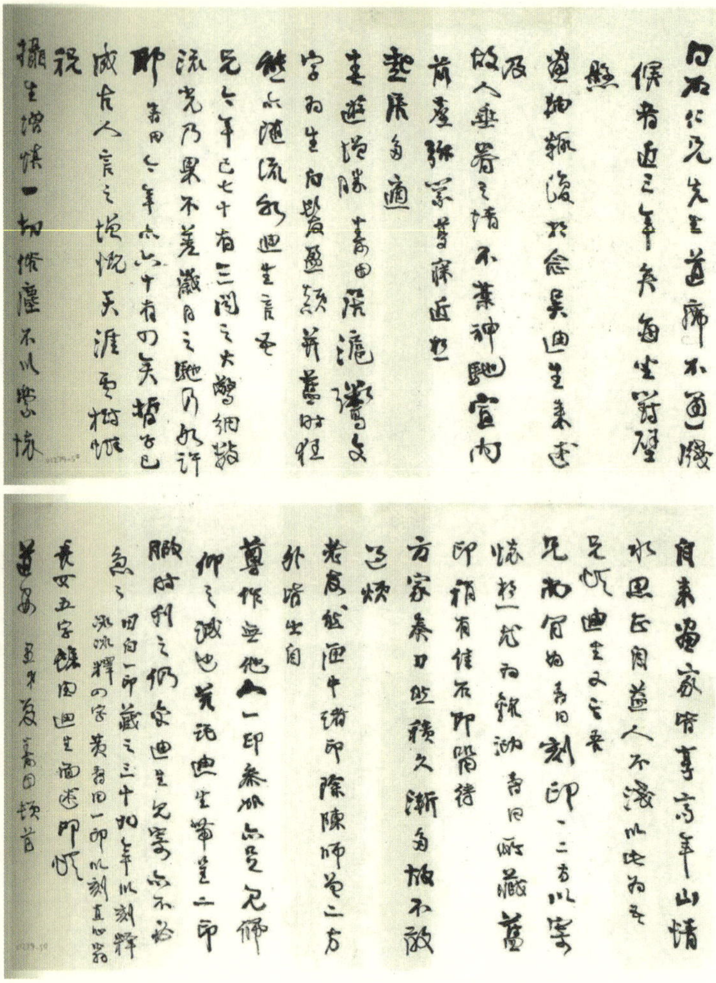

图 9 夏午诒 信札 托片 纸本 25cm×41cm×2 无年款 北京画院藏

白石仁兄先生道席

不通笺候者近三年矣，每坐对壁悬画轴，辄复想念。吴迪生来，述及故人垂眷之情，不禁神驰宣内，前尘弥蒙梦寐。近想起居，多适春游增胜，寿田居沪鬻文字为生，白发盈额，并旧时狂态，亦随流水。迪生言吾兄今年已七十有三，闻之大惊。细数流光，乃果不差，岁月之驰乃如许耶！寿田今年亦六十有四矣。皙子已成古人，言之增慨，天涯云树，惟祝摄生增慎，一切俗尘不以萦怀。

自来画家皆享高年，山情水思，正自益人不浅，以此为吾兄颂。迪生又言：吾兄尚肯为寿田刻印一二方，以寄怀想，尤为铭泐。寿田所藏旧印，稍有佳石即留待方家奏刀，然积久渐多，故不敢过烦老友，然匣中诸印，除陈师曾二方外，皆出自尊作，无他人一印参加，亦足见佩仰之诚也。兹托迪生带呈二印，暇时刊之，仍交迪生见寄，亦不必急急，田白一印藏之三十九年，以刻"释冰冰释"四字；黄寿田一印，以刻"直心翁长女"五字，余由迪生面述，即颂道安，愚弟夏寿田顿首。

附件文字（见图10）：

刀法及配合法，请纯任公之心意，勿因顾及寿田心理，致碍公笔下天然之姿趣，是所切祷，寿田又顿。[11]

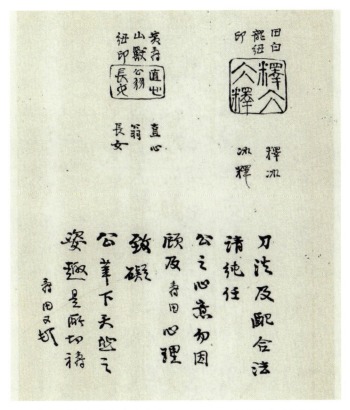

图 10 夏午诒 信札 托片 纸本 25.5cm×19cm 无年款 北京画院藏

3.1934 年夏午诒给齐白石的最后一封信

据新浪博客 2016 年 3 月 10 日广成之发布的《晚清名士夏寿田之五》一文，文中引用了沈卫题写的《夏午诒先生讣告》称：民国二十四年（1935）七月三十一日亥时（笔者注：夏历是七月初二），夏寿田在上海西摩路慈惠北里 17号去世，临死前书"欲济苍生未应晚，终知上将先伐谋"一联自挽。若夏午诒卒年是 1935 年夏历七月初二的话，那么笔者只能录出夏午诒 1934 年写给齐白石的信来结束本章节，这也是目前笔者看到夏午诒最晚近写给齐白石的信，权算夏午诒给齐白石的最后一封信，从信的内容看，应该是夏午诒给齐白石的回信，且有缺页（见图11），兹录于下：

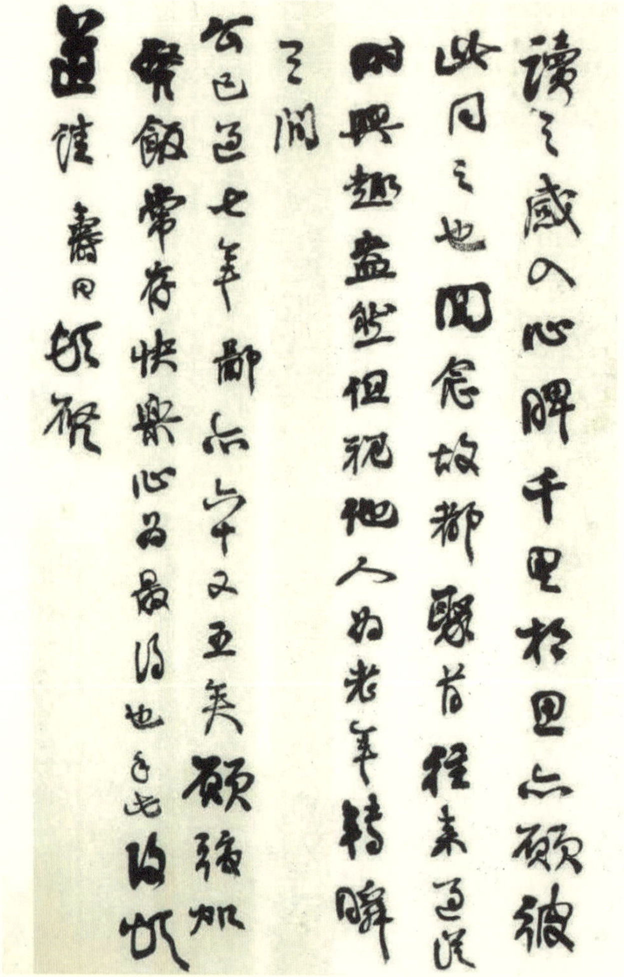

图 11 夏午诒 信札 托片 纸本 26cm×15.2cm 无年款 北京画院藏

读之感人心脾，千里相思，亦愿彼此同之也。回念故都聚首，往来过从，时兴趣盎然，但视他人为老年，转瞬之间公已过七年（笔者注："年"应为"旬"之误），鄙亦六十又五矣。愿强加餐饭，常存快乐心，为最得也。手此，复颂道佳，寿田顿启。[12]

八、1943 年，齐白石为夏午诒画像并作跋记

1943 年，也就是夏午诒逝世 8 周年时，齐白石为夏午诒画像，这是齐白石最后一次为他人画像的信息记录。

齐白石为夏午诒画像的具体细节，笔者没有找到相关的文字记录，就连齐白石为夏午诒的画像，由于资料的缺乏，笔者也无法一睹。令人欣慰的是，齐白石在为夏午诒画完像后，有一段题跋（见图 12），这段题跋刊载于由郎绍君、郭天民主编的《齐白石全集》（普及版）的第九卷第 206 页，兹录释文于下：

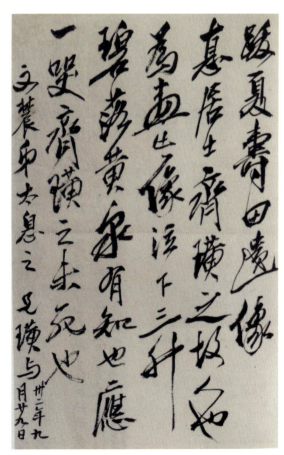

跋夏寿田遗像：德居士，齐璜之故人也，为画此像，泣下三升，碧落黄泉有知，也应一哭齐璜之未死也。文农弟太息之，兄璜与。卅二年九月廿九日。

读跋记文字，我们能明显地感受到齐白石与夏午诒的友谊温度，也能明显地感受到齐白石对夏午诒的深切怀念。

在这里需要说明的是，齐白石跋记中的纪年是"卅二年九月廿九日"，到底是夏历还是公历？其目的何在？要回答

图 12　齐白石跋夏寿田遗像 纸本 28.3cm×18cm 1943 年 王文农藏

这个问题，必须先了解夏午诒的生辰年月。从上文第六章第二节我们得知，夏午诒生于庚午十月廿日，也就是 1870 年夏历十月二十日，那么 1943 年夏历十月二十日是夏午诒的七十四岁"阴生"。湖南有为逝者做"阴生"的风俗，也就是说，在夏午诒七十四岁"阴生"来临之际，齐白石通过绘制夏午诒遗像的方式，来纪念自己至真至诚的好友，是再自然不过的事情了。据此，可以推断，卅二年九月廿九日是指 1943 年夏历九月二十九日。

注释

1. 俞剑华编《中国美术家人名辞典》修订版（上海人民美术出版社 1998 年出版 8 次印刷）、敖普安、李季琨主编《齐白石辞典》（中华书局 2014 年 10 月出版）、彭广业撰《晚清名士夏寿田（一）：风雨飘摇榜眼路》（桂阳新闻网）等资料介绍。

2. 3. 4. 5. 6. 王明明主编、吕晓分卷主编：《北京画院藏齐白石全集 综合卷》，文化艺术出版社 2010 年出版，第 147 页、147 页、159 页、219 页、219 页。

7. 王明明主编、黄惇分卷主编《北京画院藏齐白石全集 书法篆刻卷》，文化艺术出版社 2010 年出版，第 38 页。

8. 10. 11. 12. 王明明主编、吕晓分卷主编：《北京画院藏齐白石全集 综合卷》，文化艺术出版社 2010 年出版，第 309 页、第 308 页、第 309 页、第 310 页。

9. 卢莉：《湖南书画家对齐白石的影响》，北京画院编《齐白石研究》第二辑，广西美术出版社 2014 年出版，第 157 页。

作者简介

尹军，原名尹勇军，湖南湘潭人，中国艺术研究院艺术硕士，齐白石纪念馆研究部主任。

附录一：

齐白石《癸卯日记》所载为夏午诒刻、画一览（时间皆为夏历）

日期	刻、画	数量
四月十九日	《白云红树图》 《青藤老屋图》	2
四月廿日	《梅花书屋图》	1
四月廿一日	《借山吟馆图》	1
四月廿四日	山水中幅	1
四月廿五日	刊印、画便面各一	2
四月廿六日	为无双作便面四	4
四月廿七日	刊印一	1
五月一日	刊印一	1
五月二日	刊"无双"印	1
五月三日	刊"天畸丈人"	1
五月四日	刊名印一	1
五月五日	刊"绝世独立"	1
五月七日	丈二尺白绫横幅梅花	1
五月十日	刊"双星不语"印	1
五月十二日	刊印二	2
五月十三日	刊印	1
五月十四日	画文姬像	1
五月十五日	画昭君像	1
五月十七日	画美人	1

日期	刻、画	数量
五月廿日	画《管夫人出猎图》	1
五月廿一日	为午贻作画	1
五月廿五日	刊"无愁"印	1
五月廿六日	画冷金纸册页二	2
五月廿七日	画册页一	1
五月廿八日	画册页、刊印各一	2
五月廿九日	刊印	1
闰五月三日	刊"萧条高寄"印、午贻促作画	2
闰五月六日	刊印一	1
闰五月十日	刊印二	2
闰五月十四日	刊印一	1
闰五月十五日	刊印二	2
闰五月十六日	刊印三	3
闰五月十七日	刊小印四	4

备注：表后的数量统计以齐白石日记中的数据为准，若齐白石没有记载数量的，以最小数量"1"为计。如四月廿四日的"山水中幅"、五月十七日的"画美人"、五月廿一日的"为午诒作画"均未记载数量，便以"1"计。此表合计的总数量为49件，其中绘画21件，篆刻28件。

附录二：

齐白石《癸卯日记》所载为他人刻、画一览（时间皆为夏历）

时间	他人姓名	刻、画内容	数量
二月廿九、三十两日	同客诸君	画箑有八	8
三月一日	子昆	画梅花扇面一	1
三月三日	升中丞、樊廉史	刊石十二方	12
三月三日	升中丞	画屏四	4
三月三日	樊廉史	画《春云过岭图》	1
三月四日	方老伯	画梅花	1
三月六日	郭葆荪	华岳图	1
三月十一日	郭葆荪	华山图	1
三月十六日	王闿运	刊姓名印二	2
四月十一日	陈完夫	画扇面二	2
四月十三日	雨涛	刊名字印二	2
四月十四日	雨涛	刊小字印二	2
四月十五日	樊云门	刊大印一	1
四月十六日	樊云门	刊"勇毅公六世孙印"	1
四月二十二日	陈完夫	画扇面，一面山水，一面达摩	2
四月二十二日	李伯尊	画扇	1
五月二日	李瑞清	刊"黄龙砚斋"印	1

时间	他人姓名	刻、画内容	数量
五月三日	晏树舫	画《洞庭帆日图》扇面	1
五月四日	李筠庵	刊名印一	1
五月五日	李筠庵	刊名字印二	2
五月六日	李筠庵	刊名印一	1
五月六日	陈完夫	作《栈春图》	1
五月六日	王子芳	书扇面	1
五月七日	曾晓棠	刊名字印二	2
五月九日	少青及某（夏午贻之友人）	各画团扇一	2
五月十一日	曾晓棠	刊印二	2
五月十二日	晏七	书扇面	1
五月十七日	陈完夫	刊"自伤情多"印	1
五月廿一日	贡吾	刊印并作长款	1
五月廿二日	汉屏	刊石印二	2
闰五月二日	曾熙	刊印三	3
闰五月三日	李筠庵	刊"筠庵手拓"印	1
闰五月四日	李筠庵	刊印一	1
闰五月四日	曾熙	刊印三	3
闰五月四日	王子芳	刊小印二	2

时间	他人姓名	刻、画内容	数量
闰五月九日	永宝斋主人	画团扇	1
闰五月十日	曾熙	刊印一	1

　　备注：此数量统计未包括某某索画、索印，而齐白石却并未有遂其愿的确切记载。如四月十八日日记记载"灯下嗣元来谈，并索画册及篆刻"、五月八日日记记载"得王子芳索书画，又遇汉屏索画"。齐白石《癸卯日记》所载为他人刻画合计 73 件。其中绘画 29 件，篆刻 44 件。

附录三：

夏午诒为齐白石的画、印、斋室题词、题签一览（时间皆为夏历）

时间	题辞或题签内容	出处
约 1903 年	为《借山吟馆图》题签	《北京画院藏齐白石全集》综合卷
约 1903 年	为《借山吟馆图》题七言律诗	《北京画院藏齐白石全集》综合卷
1917 年五月十二日	为《借山吟馆图》题长诗	《北京画院藏齐白石全集》综合卷
1917 年	作《齐璜石印歌》	《北京画院藏齐白石全集》综合卷
约 1923 年	作《甑屋先生传》	《北京画院藏齐白石全集》综合卷

附录四：

齐白石、夏午诒交游览略（时间皆为夏历）

时间	地点	事件	出处
1870 年	桂阳县 湘潭县	是年十月二十日，夏午诒出生于桂阳县莲塘镇大湾村，1 岁。 是年齐白石 8 岁，从外祖父周雨若开蒙于湘潭县白石铺枫林亭王爷殿的一所蒙馆，读《四言杂字》《三字经》《百家姓》《千家诗》，始描红，好图画。	新浪博客 广成之 《晚清名士夏寿田》 《白石老人自传》 《白石杂作》
1889 年	桂阳县 湘潭县	夏寿田 20 岁，参加湖南恩科乡试，被擢为优等卷。 齐白石 27 岁，拜乡绅胡沁园为师，渐弃斧斤，沉湎于诗、画	新浪博客 广成之 《晚清名士夏寿田》 《白石老人自传》
1897 年	湘潭城内	齐白石、夏午诒初相识。	《白石老人自传》
1898 年	京都 湘潭县	夏午诒参加殿试，被赐进士及第，授翰林院编修。 齐白石得黎薇荪自四川寄与的丁、黄印谱，刻意研摹，印艺大进。	新浪博客 广成之 《晚清名士夏寿田》 《白石老人自传》
1902 年秋	齐白石在湘潭老家 夏午诒在陕西西安	夏午诒书信邀齐白石往陕西教如夫人姚无双学画，并把束修、旅费寄与齐白石。	《白石老人自传》
1902 年十月至十二月中旬	湘潭 西安	齐白石由湘潭赴西安，旅途中绘《洞庭看日图》《灞桥风雪图》。	《白石老人自传》

时间	地点	事件	出处
1902 年十二月中旬至 1903 年三月二日	西安	齐白石课姚无双画之余，饱游西安名胜，夏午诒介绍齐白石与樊樊山认识，并为齐白石《借山吟馆图》题字、题诗。	《白石老人自传》《北京画院藏齐白石全集》综合卷
1903 年三月二日至 1903 年四月五日	西安至北京途中	夏午诒一家携齐白石赴京，途中与齐白石同登万岁阁看华山，并在淇县客栈嘱齐白石钩稿佛像。	《癸卯日记》
1903 年四月五日至 1903 年闰五月十八日	北京	齐白石课姚无双画，为夏午诒刻印、作画至少 49 件。夏午诒介绍曾熙、李瑞荃与齐白石相识。夏午诒为齐白石捐县丞，遭婉拒。	《癸卯日记》
1917 年五月至九月	北京	夏午诒为齐白石《借山吟馆图》题长诗一首，并为齐白石作《齐璜石印歌》	《北京画院藏齐白石全集》综合卷
1920 年十月	北京保阳	夏午诒第一次邀齐白石往保阳小住 23 天	《庚申日记并杂作》
1921 年五月、八月、十月	北京保阳	夏午诒三度邀齐白石往保阳，齐白石为夏午诒作关、岳像，并为张传炬刻印。	《白石杂作》
1922 年五月、六月、八日、九月、十月	北京保阳	夏午诒五度邀齐白石往保阳，请齐白石为曹锟、袁克定作画、刻印。	《壬戌记事》
约 1923 年	北京或保阳	夏午诒为齐白石作《甑屋先生传》	《北京画院藏齐白石全集》综合卷
约 1923 年八月	北京保阳	齐白石与夏午诒共度中秋佳节	《中秋夜与夏午诒在保阳》诗二首

时间	地点	事件	出处
1930 年	齐白石在北京，夏午诒是在保阳或上海或其他地方，不能确定。	夏午诒书信齐白石，请齐白石篆书"如梦幻泡影，如露亦如电；无苦集灭道，无智亦无得。"齐白石于同年五月书写了此联，只把上下联中的"亦"字去掉。	《北京画院藏齐白石全集》综合卷
约 1933 年	齐白石在北京，夏午诒在上海	夏午诒书信齐白石。述往事、表想念、致祝福，并请齐白石刻"释冰冰释""直心翁长女"，齐白石遂其愿。	《北京画院藏齐白石全集》综合卷
1934 年	齐白石在北京夏午诒或在上海	夏午诒回信齐白石，朋友殷殷之情，跃于纸上。	《北京画院藏齐白石全集》综合卷
1935 年七月三十一日亥时（此处应是指阳历，因为农历无31日，农历为七月初二日）	上海	夏午诒病逝于上海西摩路慈惠北里 17 号，临终前书"欲济苍生未应晚，终知上将先伐谋"自挽。	新浪博客 广成之《晚清名士夏寿田之五》2016 年 3 月 10 日发布。据沈卫题写《夏午诒先生讣告》称：民国二十四年（1935 年）七月三十一日亥时，夏寿田在上海西摩路慈惠北里 17 号去世。
1943 年九月廿九日	北京	齐白石为夏午诒画遗像，并作跋文。	《齐白石全集》（普及版）第九卷

附录五

齐白石为夏午诒所作绘画、篆刻图例举略

齐白石为夏午诒所作绘画作品，目前很难统计到具体的数量，从《癸卯日记》的记载我们可以知道，从 1903 年四月十九日到闰五月十七日，短短的两个月时间内齐白石便为夏午诒作画至少 21 件，还有 1920 年至 1922 年，齐白石九往保定为夏午诒作画（期中一部分是夏午诒请齐白石为他人所作），除了 1921 年十月二十一日有"为天畸画关、岳像成"的文字外，其他画作均不见记载，这是令人非常遗憾的事情。

附录图 1

附录图 2

　　尤为遗憾的是，笔者遍寻齐白石的绘画图录，也仅仅找到两张是给夏午诒的，一张作于1903年四月，名曰《为天畸造稿》（见附录图1）此画作为北京画院所藏，公开发表于由王明明主编的《北京画院藏齐白石全集》的第七卷《山水杂画卷》第34页（分卷主编：李松）。另一张作于1913年五月，此画作为天津杨柳青画社所藏，公开发表于由郎绍君、郭天民主编的《齐白石全集》第一卷《雕刻绘画卷》第125页，名曰《达摩图》（见附录图2）

　　齐白石为夏午诒所作的篆刻作品，数量也无法完全统计，笔者找到的图例有20件，兹列表如下。

齐白石 夏午诒所作篆刻图例举略

图例	释文	朱、白	出处
	冰释释之	白文	《齐白石篆刻艺术》192页
	哀窈窕思贤才	白文	《齐白石篆刻艺术》193页
	心空及弟	白文	《齐白石篆刻艺术》204页

	龙兴鸾集	白文	《齐白石篆刻艺术》183 页
	夏寿田作诵	白文	《齐白石篆刻艺术》168 页
	寿田六十岁以后作	白文	《齐白石篆刻艺术》168 页
	直心居士写经	白文	《齐白石篆刻艺术》168 页
	榜眼	白文	《齐白石篆刻艺术》148 页
	榜眼	朱文	《齐白石篆刻艺术》148 页
	德居士	朱文	《齐白石篆刻艺术》148 页

	德居士	朱文	《齐白石篆刻艺术》148 页
	夏寿田印	白文	《齐白石篆刻艺术》53 页
	夏寿田印	朱文	《齐白石篆刻艺术》53 页
	夏寿田印	朱文	《齐白石篆刻艺术》54 页
	夏寿田印	白文	《齐白石篆刻艺术》54 页
	夏寿田印	白文	《齐白石篆刻艺术》54 页
	夏寿田印	白文	《齐白石篆刻艺术》54 页

	夏寿田印	白文	《齐白石篆刻艺术》54 页
	天畸	朱文	《齐白石篆刻艺术》54 页
	正直宽平 好道场	白文	《齐白石篆刻艺术》212 页

齐白石对近现代韩国画家金基昶的影响

［韩国］柳时浩

近现代韩国，是韩国历史上变化最大的一段时期，是被卷入世界列强国家要求开放性大潮流的时期。这时期对韩国美术来说，可谓"混乱时期"，也可以说是所谓的"变革时期"。因为韩国美术，从唐宋以来，一直受中国美术的影响，但是在外势侵略严重的打击下，只好接受西方美术形式。更偏重接受日本式的西方美术倾向。特别是1910年"朝日强制合并"以后，许多立志学美术的年轻人和多才多艺的画家，经过思想上的反复斗争，最终还是赴日本接受日本帝国主义美术教育。接受这些所谓"先进教育"的美术人士回国后，开设了高等院校美术课程并开展教学活动，参与美术课本编撰工作，开办私人绘画工作室等。他们占领了社会主要地位，掌握了文艺界、教育界、画坛的话语权，营造了偏向日式西方美术的风气。

韩国1945年"解放"[1]以后，就进入了现代美术时期，但是日本美术教育残存影响还是很大，韩国现代美术明显显示出西方美术倾向，方方面面泛滥着西方美术知识和作品。从这点来看，其实西方美术对世界艺术影响力超级强大。在21世纪，随着时代的变化和潮流，已进入了"国际化""世界化"时代，吸收西方美术优点也毫无异常。但重要的是我们往往忽视了本民族固有的优点，盲目地接收外来东西，却丢失了最珍贵的本民族的传统精华。现在的韩国美术也已进入西方美术领域了。不论表现手法上还是形式上，不论油画还是水墨画，都已经不再是本民族的了。

　　幸运的是，韩国近现代金永基[2]和闵泳翊等不少的重要画家，继承了齐白石与吴昌硕等前人所留下的文人画艺术精神与精髓，保持着东方传统画法的创作模式，保留了东方艺术独特的绘画理论体系。

　　笔者来华已十几年，深入学习和研究中国传统绘画，明显地认识和了解这些事实。在这段时间里，觉得更需深刻地研究齐白石、吴昌硕等大师的艺术成就，以及他们对近现代韩国主要画家的影响。笔者通过以导入了多数齐老的书画精品来接受齐白石画风的金基昶为例，阐释金基昶摆脱他初期原风格的工笔画手法，以更丰富的题材及技法创造了新的画风，构建了现代韩国画坛新的里程碑。

　　金基昶（1913—2001）是韩国近现代活跃的绘画大师，艺术巨匠。他的艺术生涯比一般人艰苦、曲折。他幼年被伤寒所感染，因后遗症而丧失了听觉能力，一辈子作为聋哑画家，走上了与众不同的艺术道路。他主要画工笔人物画以及大写意抽象画，在现代韩国美术界留下了巨大的影响。他在八十八年艺术生涯中，不断地大幅度地改变自己的画风，可以说是韩国历代画家题材最宽，画种最广，留下的作品最多的一位艺术大师。

　　金基昶出生于首尔，家庭条件较好。他上学那年七岁时，由于大肠杆菌传染的后遗症丧失了听觉神经，他开始了安安静静的艺术生涯。在他母亲的多方面不断的努力下，能说一点话，但说得不清楚。

　　金基昶 17 岁时，接受母亲的劝告，进入当时韩国大有名气的著名画家金殷镐门下。金殷镐是在韩国朝鲜末期到现代期间活跃的"近代六大家"[3]之一。金殷镐作为"书画美术会"[4]指导画家，作为工笔人物肖像画之首，曾制作了纯宗皇帝[5]御真和皇室需要的作品。金基昶拜金殷镐学习工笔色彩画，人物、花卉、翎毛等，题材广泛自由。这时期与金基昶一起学习的师友有张遇圣，李惟台等人。金基昶虽然听不见任何声音，但是具有绘画天赋，很快把握了绘画需要的基本功。

　　跟着金殷镐学习了仅仅半年，金基昶的《板上跳舞》便参加"朝鲜美术展览会"。以后连续几次入选、特选获奖。经过这些获奖，金基昶年仅 27 岁时已进

金基昶《牛与少年》（图1）

入"朝鲜美术展览会"推荐的最年轻作家。金基昶接受金殷镐的影响，创作了大量的日本画风的工笔人物画。但是画家采取的绘画题材是韩国本土风味很强的。比如，《童子》《秋天》《牛与少年》（图1）、《古谈》等。

1945年8月15日，韩国脱离了日本三十六个年头的殖民统治，即韩国历史称"解放"或称"光复"。

金基昶迎接了祖国的独立，象征着脱离自己的牢笼般的局限范围，他开始用号"云甫"，去掉师傅金殷镐给他起名号"云圃"中外绕的"口"字框。这时期韩国画坛也正在努力脱离日本画风格倾向，接受了西方美术。1946年金基昶发表《解放与东洋画道路》和《美术运动与大众化问题》等文章。文章提出主张：随着祖国解放，美术方面也需要改变与提示新的方向。这些主张越来越受到支持，1960年代金基昶顺应时代的潮流，接受西方美术抽象因素，走进"现代东洋画"[6]时代运动。

1946年，金基昶和曾在日本东京女子美术学校留学的女画家朴崍贤结婚。[7]金基昶到了中年，国内爆发了韩国战争，当时首尔连着几个月处于战火笼罩混乱的状态。韩国军战势逐渐弱化，只好南下后退。金基昶随着军队也不得不向南避乱到群山。群山是他的妻子朴崍贤的娘家。金基昶在这混乱的战争期间也不断地创作，而且产生了新的画风。

1952年，金基昶创造了耶稣生涯系列作品《耶稣一生系列17洗足》《耶稣一生系列20最后晚餐》（图2、图3）等，他作为笃实的天主教信徒，将自己作

金基昶《耶稣一生系列 17 洗足》（图 2）

金基昶《耶稣一生系列 20 最后晚餐》（图 3）

金基昶《土鸡》（图4）　　　　　　　金基昶《桃子》（图5）

金基昶《夏果》（图6）　　金基昶《富贵》（图7）　　金基昶《紫玉兰花》（图8）

品的艺术角色西方人耶稣改成黄色的皮肤、穿韩服、戴韩国冠帽，创新"韩国人耶稣"容貌。花了一年时间制作了30幅作品，通过这些系列作品对战争中的韩国社会传播天主教颇有贡献。

　　金基昶绘画艺术题材广泛自由，不论水墨与色彩等材料上的不拘，不分具象和抽象，也不分精致和写意等画风的区分跨越，是一位艺术范围左右上下幅度最大的绘画巨匠。金基昶早年随金殷镐学习对他的影响颇大，画以非常精致的日式工笔画为主。他坚持刻苦努力，转换成自己的画风。逐渐接受了齐白石、吴昌硕的写意文人画画风。这时期发表了《土鸡》（图4）、《桃子》（图5）、《夏果》（图6）、《富贵》（图7）、《紫玉兰花》（图8）等，尤其是《土鸡》《枇杷》《富贵》等作品，受齐白石笔意影响十分明显。

这时期也有了《吞食太阳的鸟》（图9）、《鹿》（图10）等不少水墨抽象画及《房地产店铺》（图11）等半具象半抽象的"立体派"风格作品。1968年创作的《吞食太阳的鸟》是计划意图与偶然性融合起来表达自己感情的作品。通过一只鸟形象表达出自己作为聋哑人心胸里凝固着说不出来的一种欲望和爆发的感情，实践传统绘画艺术所追求的所谓"以形写神"绘画思想。

1973年以后制作了世宗大王[8]、金正浩[9]、乙支文德[10]等历史伟人肖像画。特别是现在韩国流通的1万元纸币上的人物世宗大王肖像是金基昶所作的。

金基昶绘画艺术另外值得一提的是"笨拙山水"和"笨拙花鸟"系列作品。1976年他的妻子朴崍贤去世了。金基昶回忆自己的一生，老是说："我作为残疾聋哑助我成长的就是三位女人，第一是：我母亲，第二是：我的外祖母，第三就是我的妻子朴崍贤。"此时他依靠的三个女人已经都不在了。当时备受打击的金基昶有一段时间没有兴趣创作了。他妻子去世后很久，他

金基昶《吞食太阳的鸟》（图9）

金基昶《鹿》（图10）

金基昶《房地产店铺》（图11）

金基昶《笨拙山水》（图 12） 金基昶《笨拙山水》（图 13）

金基昶《笨拙花鸟》（图 14） 金基昶《笨拙花鸟》（图 15）

慢慢恢复了创作本能，这时期又创新的另一种画风就是自己命名的《笨拙山水》（图 12、13）和《笨拙花鸟》（图 14、15）。金基昶自称"傻瓜"或者"笨蛋"，"傻瓜""笨蛋"也象征着自己的容貌，象征自己的生平。他 7 岁以后一辈子都听不到任何声音，通过实践创作来表现自己的感情和情绪。这就是中国传统绘画思想"传神写照""以形写神""迁想妙得"的体现。

　　金基昶晚年独创的这些系列作品，通过多次各种展览会发表，被评价为扩大了韩国画领域，起到了近代与现代美术跨越桥梁的作用，鸣响了现代韩国画开始的钟声。[11] 在韩国探讨金基昶时，往往提及贝多芬[12]和戈雅[13]二位大师。包括金基昶，这三位均有听力障碍的艺匠，都是克服了自己的限界，获得了巨大的艺术成就，成为伟大的艺术巨匠。虽然金基昶是声誉比其他两位稍微小的韩国画家，但是他的这些极限克服精神对韩国社会，尤其是对韩国画坛和聋哑障碍人起到非常大的鼓舞作用。

很多人都说："齐白石的画是吸收民间画而成功的。"这完全是不负责任的乱说。齐白石绘画晚年确实大部吸收民间艺术成分，民间艺术具有质朴、生拙特点，无论包括齐白石，还是众多国画家喜爱摄取民间艺术优良的营养来丰富自己的创作。但民间绘画恰恰不是齐白石绘画的主要成分，而是齐白石绘画的一种添加调料。中国美术史公认他的艺术主要来源于徐青藤、八大山人、石涛、扬州八怪、吴昌硕等人的精髓。[14]

金基昶也采取韩国民间艺术上的审美因素，如民画、绣针、陶瓷等。在这些质朴、生拙的民间艺术上摄取了营养，加上自己的经验与思想，升华了精彩的绘画艺术。看他的这些笨拙系列作品（图12、13、14、15），很明显显示出民间艺术的质朴和生拙性。

齐白石绘画里常看到谐谑、讽刺、寓意、幽默等因素，是对社会的深刻反思，

齐白石《不倒翁》（图16）

齐白石《却饮图》（图17）

齐白石《里边是什么》（图18）

也反映了齐白石自己的感悟和感觉。如（图16、17、18、19、20），能看到的画家本人的感情和情绪。金基昶的这些作品里也比较明显流露出来讽刺和幽默等内涵。

虽他们多吸收前人和民间社会的优秀营养，但他们一直坚持"夫子自道"的态度。看他们的画，已证实了这一点。[15] 齐白石

齐白石《耳食》（图19）　　　齐白石《钟馗搔背图》（图20）

《不倒翁》（图16）、《却饮图》（图17）、《耳食》（图19）等作品和金基昶这些"笨拙山水"和"笨拙花鸟"就是从一个点产生的。作为一个听不见声音的聋哑画家，常自称"傻瓜"或"笨蛋"、"二百五"。金基昶这些"笨拙绘画"象征着绘画的纯粹性和人间本性，也体现出人与自然以及动物之间的和谐。

本文在前段论述过，金基昶中年时期创作的《土鸡》（图4）、《桃子》（图5）、《夏果》（图6）、《富贵》（图7）与齐白石绘画的形式上、表现上大幅度影响的关系。虽然这些"笨拙山水"和"笨拙花鸟"系列作品，在外形表现上不很似齐白石的画作，但是金基昶通过中年时期所做的这四幅绘画来看，也与齐白石绘画特征有着密切的关系，即稍微粗一些的线条用法，物象简化而成的手法，尤其是对齐白石晚年所作的绘画当中常见的"笨拙性"大写意笔墨等，有很多值得研究的借鉴与学习元素。

金基昶虽初期接受齐白石画风，以后也有自己主观的想法和理念，创作了大量的作品，备受韩国人民喜爱和尊敬，风靡了一个时代。但，因为他在晚年助协日本政府的压迫政策和赞扬日军等亲日行为，被收录《亲日人名辞典》，致其声誉受贬。

韩国的传统绘画，在发展过程中一直受到了中国各时期各流派的影响。学习传统的核心价值是为了发展传统。我们在创作过程当中要反思齐老的"学我者生，似我者死"，无论在中国还是韩国许多当代画家都同意齐老的看法。

*本论文大部来源于笔者博士毕业论文《吴昌硕齐白石对近现代韩国画的影响》

注释

1. 韩国 1945 年 8 月 15 日称解放日，或光复日。

2. 他是 1932 年至 1936 年期间来华留学北平辅仁大学，这时期拜齐白石行为师唯一的韩国画家。

3. 韩国美术史称包括李象范、卢寿铉、卞宽植、金殷镐、许百錬、朴胜武为近代六大家。

4. 1911 年金永基主导创立的韩国最早书画教育机构。排出了许多优秀画家，他们对韩国近现代画坛有巨大贡献。

5. 朝鲜最后第 27 代帝王。

6. 东洋画是在韩国，对中国画与韩国画、日本画、朝鲜画等亚洲国家的传统绘画总称。

7. 以后他们各自艺术活动，互相影响，举办 20 余次夫妇展览等积极活动。

8. 朝鲜第 4 代王，创制现在使用的韩文，也是现在韩国流通的 1 万圆卷货币上的人物。

9. 朝鲜末期制作最完整的韩国地图人。

10. 高句丽时期将军。

11. daum 互联网，斗山百科，金基昶部分。

12. 路德维希·凡·贝多芬（Ludwig van Beethoven，1770—1827）德国作曲家、钢琴家、指挥家，维也纳古典音乐派代表人物之一。1796 年时双耳已经失聪，但并未辍笔。

13. 弗朗西斯科·戈雅（Francisco Goya，1746–1828）西班牙画家，在去世之前罹患盲聋症。

14. 齐白石有"青藤雪个远凡胎，缶老衰年别有才。我愿九泉为走狗，三家门下转轮来。"的诗句。

15. 陈传席《画坛点将录》三联书店。

作者简介

柳时浩，韩国籍1962年生，文学（美术学）博士。中央美术学院本科及硕士研究生毕业。中国艺术研究院博士研究生毕业。国内外举办十次个人展。第十二届全国美展入选。曾任驻华韩国美术家协会主席。现为河北美术学院绘画系教授。

本 色

——学习齐白石，以作品说话

刘二刚

我七十岁在齐白石的故乡办画展，很荣幸。前天我们往白石铺拜谒了齐白石故居，天空飘着小雨，山峦青翠，星斗塘、草屋、土墙、木窗、油灯、令人遥想。齐白石在此住了37年，后又置了借山吟馆、寄萍堂。他五出五归，57岁定居北京。在动荡的年代，他凭一技出走。当时的中国画坛，重要人物是金城、溥儒、陈师曾、陈少梅、陈半丁、吴湖帆、张大千，还有高剑父等一批名流，有"南吴北溥"之称。他们有的是美术界权威，有的是王孙贵族，有的是书香世家，有的是留洋海外。齐白石什么都不是，一介江南布衣从乡下走来，就像今天的北漂。为什么他能后来居上，有人说是遇到了贵人，运气好。从根本来说，应该还是他的实力。

我把齐白石的实力归为三点：艺术天才，工匠精神，文人抱负。

艺术天才

天才很难说，正如王维诗说"夙世谬词客，前身应画师"，或许齐白石就是画星投的胎，古有癫张醉素，梁疯子，黄大痴，倪迂等，齐白石自刻一方印"书画癖"，看来是对自己的写照。中国这么大，连海外毕加索都佩服他，木匠出身，

《老鼠油灯》

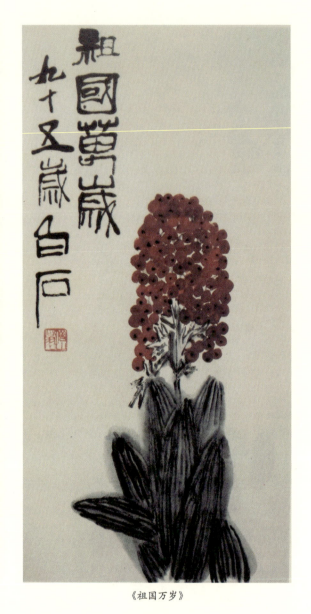

《祖国万岁》

应算奇迹。说齐白石是艺术天才，是他没有上过学，由地地道道的木匠一步步走上了文人画的巅峰，除了勤奋就是他悟性超人，他读书未必比他人多，他是通人。他把中国绘画基础打得很扎实，机遇一到，便显才能。

齐白石是个有大志的人，"独与天地精神往来"。他知道中国艺术最高境界是"天人合一""明心见性""致广大，尽精微""无法而法"。他的画不被物蔽，信手写来，所谓"道生一，一生二，二生三，三生万物"。一是什么？在齐白石，一就是"我"，"我"就是心。他临终前画的牡丹，已经似花非花。画画不是科学，在齐白石的画上，情趣是最主要的，有了情趣，虽粗亦精。他虽画小景，小中见大，以少胜多。有客谓："以盈尺之纸，画丈余之草木，能否？余曰：能。"这种"能"，不是慢慢描绘出来的，是胸中有丘壑，是画家心中的逸气。齐白石艺术理论没有像石涛画语录那样系统分类，而是和历代艺术大家一样，是零散的，吉光片羽式的，如"似与不似之间"，似多少？不似多少？唯有画家心中一点灵明。

齐白石有眼力，他学前人取法乎上，有诗曰："青藤雪个远凡胎，老缶衰年别有才。我欲九原为走狗，三家门下转轮来。"吴昌硕（老缶）是当时独领画坛的人物，到他这里，写意花鸟画似乎是一局很难再走下去的棋。齐白石学他，可贵在熟中求生！吴昌硕的画一味求熟，已经熟到了概念化，齐白石"熟中求生"，即求生气、求童趣、求灵性，又开拓出了一条"红花墨叶"的路。他以农民质朴、率真的本色，将民间喜闻乐见的东西，如"事事（四柿）如意""青白（白菜萝卜）持家""白头富贵（白头鸟与牡丹）""年年有余（鱼）"之类题材以及历史故事，都付与了生活的画面，他更画柴耙、算盘等农器，小到《老鼠油灯》，大到《祖国万岁》，笔墨饱满，总透出一种大气。说他的画雅俗共赏，这是需要大本事的。

他把诗书画印融为一体，找到了一个"适合"。过去帽子店门前有副对联："头寸自家寻大小，深浅要适合；式样烦君多挑选，老少须随时"，适合说来容易，挑选时会花眼，在当时复古风气和西方绘画的冲击下，齐白石有自己的主张，他自信自己的能力，选择一条雅俗共赏的路，也就是既要把握艺术的深奥程度，又要让大众看得懂。这正是抓住了文艺要"深入浅出"的创作要领！这就不同于一般文人孤芳自赏，泥古不化的学究之气了。

工匠精神

就是认真、执着、不怕吃苦、诚心实意。齐白石从粗木工到细木工，从临摹《芥子园》到作诗、刻印、练字、创作，用他的话说："天道酬勤"。齐白石是农民

《柴耙图》

《筦箕锄头》

出身，深知"日出而作，日入而息"是一个长期劳作，春耕夏种，秋收冬藏；种瓜得瓜，种豆得豆；多劳多得，不劳不得。他几乎每天作画，不教一日闲过。生病三日，病愈后还要把画补起来。鲁迅说：浪费时间就等于自杀，别人喝咖啡嗑瓜子的时间他都在写作。齐白石也是这样，从他的大量诗稿文稿中，可以看到他的用功。他有一枚闲章："寂寞之道"。他对案头摆饰不感兴趣，怕玩物丧志。我们看他一双勤劳的手，足让所有画家自叹不如。他的画室叫"甑屋"，就是煮饭的锅，有点忍俊不禁，他把画画的事当着每天吃饭一样重要了。

到了北京以后，后来画已卖得很好了，他每日还是像老牛一样勤勤恳恳地作画。他有一首诗："铁栅三间屋，笔如农器忙。砚田牛未歇，落日照东厢。"他的铁栅屋我二十世纪九十年代去过，在北京劈柴胡同。齐白石画画胆大，生活上其实是个胆小的人，他到北京也是因为那时家乡闹乡匪，传言"齐白石也够绑票的了"！吓得他躲到山里几个月，所以他北京的房子要弄铁栅栏拦着，很不好看。

后来有人丑化他，画他的漫画裤腰上总是挂着一大串钥匙，他的米箱都是要上锁的，这也是他的农民本色。"一粥一饭当思来处不易，半丝半缕恒念物力维艰。"一次他见门口卖大白菜的，想要用一张画跟人家换，卖菜的哪知道他的画值钱，反而嘲笑他拿假白菜换真白菜。他认为一张画也是劳动所得，所以他卖画明码告示："卖画不讲交情，君子有耻，请照润格出钱"，直来直去。最耿直的是他还把"告白"贴在大门上，"画不卖与官家，窃恐不祥，从来官不入民家，官入民家，主人不利。"要换了别人，巴结上司送货上门还来不及呢。

我们这次在尹氏宗祠悬栏上看到他的木雕，虽按故事绘刻，而造型都有他的创意。他白天干活归来，晚上"自烧松火读唐诗"，谁知他心底想的什么呢？我在他的《三余图》上读到："画者工之余，诗者睡之余，寿者劫之余。"始知他心中另有画，另有诗。"寿者劫之余"很有哲理，应了天意，上苍给他活到97岁，使他大器晚成。老子说"死而不亡者寿"，真正不死的还是他的作品。

文人抱负

齐白石的真正成功是57岁到了北京之后。他从画画为生活走向了艺术为精神的高度。他与比他小的陈师曾结交，陈师曾有《文人画之价值》说，强调文人画就是中国的精英艺术，这对有大智慧的齐白石有如一堆柴禾被点燃，他闭门写道："余作画数十年，未称己意。从此决定大变，不欲人知，即饿死京华，公等勿怜！乃余或可自问快心时也。"这决心下得够大了。

他以前画画多是为人而画，今天的"大变"是建立在"我之为我，自有我在"的基础上。这里不能不说是文人画理论对他产生了影响。中国画的发展，至文人画已是非常崇高且没有止境的坐标。我们知道长期文化的发展，都是为了人的个性解放，每个人个性不同，才会产生文艺的丰富多样性。当然，个性接着要竞比的是格调、修养、风格。齐白石是有风骨的人，他看不惯时尚浮夸，"逢人耻听说荆关，宗派夸能却汗颜。自有心胸甲天下，老夫看惯桂林山。"他重视"搜尽奇峰打草稿"的创作方法，但绝不像现在学院派坐对写生的死办法。从他许多写生稿看，他是游记式的，归来要取舍。他的大写意山水到现实中是对不上号的，

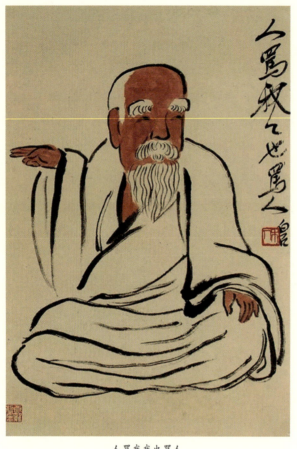

人骂我我也骂人

是他的自我精神。他的笔墨、造型多用的夸张、漫画手法，也就是把他原有的工匠意识充实了文人情怀。这两方面的结合，使他的作品焕然一新。机遇是陈师曾把他的画带到日本展出后，全部卖光，于是改变了时人对他的认识。虽然正统派还是不承认他，甚至有开骂的。他作画反击道：《人骂我我也骂人》。出出气而已，亦显其无城府之本色。北平被占时期，美院派人为他送煤，遭他拒绝，他就是这么个人，不摊我的绝不接收。这也是齐白石骨子里的气节。

他自认为"吾诗第一，印二，字三，画四。"可见他对文的重视程度。老舍曾出题"蛙声十里出山泉"请他作画，这"蛙声"和"十里"都是无法画的，却没有难倒他。这幅画已成了他的代表作，太有才了。他作画是有良知的，曾为人画册页，最后一幅空着，胡佩衡说画蚊子吧，他说：蚊子有害，于是画好后又添一只青蛙来捕捉，题道"可惜无声"。齐白石的智慧，在他的画上随处可见，如《他日相呼》《不倒翁》《网干酒罢》，他在《钟馗搔背图》题："不在下，偏搔下，不在上，偏搔上，汝在皮毛外，焉知我痒。"多有趣。他的画不分山水、花鸟、人物，样样能画。大家中唯任伯年所能，但齐白石亦题亦画，诗、书、画、印都可分别来做学术研究。

我想，为什么陈半丁、溥儒等人的艺术名望后来都比不上齐白石，"南吴北溥"旋被"南黄北齐"所代替？除了画画的才气，还是缺少了本色。我把本色分为两方面，一是人本，一是画之本体。人本是指你既爱上了这行，就如工人要做好工，医生要看好病，教师要教好书，要有良知、人品、人格。齐白石从不虚伪，他有一方印："何要浮名"。可谓一步一个脚印。画之本体，即一民族之书画源头，即"绘事后素"，"画为心声"。有人认为齐白石的画不属主流艺术。时人好大喜功，把画画当工程制造，难免假大空。什么是主流艺术？要说艺术应为人民服务的话，白石老人当之无愧，他的画以情感人，养活了多少出版社、多少收藏家，包括文化产业。如果没有齐白石，二十世纪中国画在国际上就没有旗帜，九十年代中国新文人画打出的标志是齐白石的和平鸽。一个国家的强盛一靠科学技术，一靠文化艺术，即现在说的软实力。只有人的素质和审美提高，才会感到是真正的幸福。后之视今亦由今之视昔，艺术没有捷径可走。我们今天学习齐白石，惟有本色再本色，靠炒作、头衔、人际关系都没有用。历史无情，艺术还是靠作品说话。

（此文系 2017 年 5 月 23 日，刘二刚先生在湘潭齐白石纪念馆举办讲座的讲稿，并授权在本刊发表。原载于北京画院所编的《齐白石研究》第五辑）

作者简介

刘二刚，1947 年出生于江苏镇江。南京书画院专职画家，国家一级美术师。

齐白石与同乡画家（四则）

聂鑫森

朱亭萧芗陔

在张次溪所著的《齐白石的一生》这本书中，专门谈到了丹青巨匠齐白石的一位重要启蒙老师萧传鑫，萧系株洲县朱亭花钿人。该书第一版由人民美术出版社印于 1990 年 10 月。

张次溪，生于 1908 年，为著名诗人、民俗学家。他于 1920 年随父张篁溪拜访在京的齐白石，于 1932 年正式拜齐为师并协助编订《白石诗草》，遍请名家题签。张篁溪与齐白石都受业于王闿运门下，故其题诗中说："湘潭私淑忆当年，始识齐侯是国贤。"张次溪一生著作很多，由他整理出版的《白石老人自述》，于 20 世纪 60 年代出版，便是此中一种。

"有一天，铁珊对他（齐白石）说：'萧芗陔快到我哥哥伯常家里来画像了，你何不拜他为师！画人像总比画神像好一些。'这位萧芗陔，名叫传鑫，住在朱亭花钿，离白石铺有一百来里地，相当远。是个纸扎匠出身，自己发愤用功，四书五经读得烂熟，也会作诗，画像是湘潭第一名手，又会画山水人物，是个多才多艺的人"（《齐白石的一生》）。

铁珊即齐铁珊，是齐伯常的弟弟，也是齐白石好友齐公甫的叔叔。几天后，齐白石画了一张八仙之一铁拐李的像，送给已在齐伯常家的萧芗陔请教。又托齐铁珊、齐伯常、齐公甫去表示心迹，愿意拜萧为师，萧很高兴地答应了。当时的朱亭隶属于湘潭县，如今则为株洲县所辖了。这一年为 1888 年，齐白石实为二十五岁。《白石老人自述》中说："这位萧师傅，名叫传鑫，芗陔是他的号……他把拿手本领，都教给了我，我得他的益处不少。他又介绍他的朋友文少可与我相识，也是个画像名手，家住在小花石。这位文少可也很热心，他的得意手法，都端给我看，指点得很明白。我对于文少可，也很佩服，只是没有拜他为师。我认识了他们二位，画像这一项，就算有了门径了。"此中的小花石，清代属湘潭县中十八都，今属株洲县，故文少可也是齐白石又一位株洲启蒙老师。

那个时代，照相还没有盛行，画像这个行当相当吃香。在湖南乡间，画像叫描容，意为描画人的容貌。有钱的人在生前总要画几幅小照，死了也要画一张遗像，而且画像的报酬比较丰厚。齐白石正式为人画像，起于 1889 年。"韶塘附近一带的人，都来请我去画，一开始，生意就很不错。每画一个像，他们送我二两银子……后来我琢磨出一种精细画法，能够在画像的纱衣里面，透现出袍褂上的团龙花纹，人家都说，这是我的一项绝技。人家叫我画细的，送我四两银子，从此就作为定例。"（《白石老人自述》）韶塘位于湘潭县竹乡境，离齐白石故居杏子坞约二十公里。

齐白石对教诲过帮助过他的师友，总是怀着一种感恩的心情，对萧芗陔亦是如此。他不但跟萧老师学画像学画山水花鸟，还认真学过书画装裱技艺。此后，虽岁月更替，师生友谊一直馥郁芬芳。齐白石常应邀在老师的画作上题款，如《题萧芗陔师画荷》："花恬风雪忆门墙，粉本争传仕女行。岂独画师称世俗，娱公心迹是文章。开图草里惊蛇去，下笔阶前扫叶忙。掷牝黄金何所益，人间我亦老萧郎。"从诗中可看出齐白石对老师人品、画艺的由衷赞美，表现了尊师重道的风范。

齐白石为高希舜题画

家藏有《高希舜画集》的精装本，由湖南美术出版社 1981 年 12 月出版。《代序》的为张国基，他说："余与爱林自蒙馆至一师均共砚席，为总角之交，迄今

高希舜作品

友好近八十年，故知之最谂。其为人严正，善善疾恶，所交苟有逾检，必箴规之，
无所假借；于诸弟子则诲之不倦，无荒无怠，俨如父兄之于子弟然。其画工写兼
长，栩栩如生，气魄雄伟，老苍而秀发，韵味盎然一代大家也。"高希舜在《自
述》中，特别提到齐白石："旋负笈北京从师曾、梦白、茫父诸先生游，得白石

山翁砥砺切磋之益。"

高希舜，湖南益阳人，生于1895年，字爱林，号一峰山人、清凉山人。受慈母影响，自小痴好书画。入湖南一师，毕业后聘于一师附小作图画教员。1919年入北京艺专，受教于陈师曾、王梦白、姚茫父诸师。1927年赴日本交流画艺，1931年回国。此后一直从事美术教育与研究工作，新中国成立后，任教于中央美术学院多年。他比齐白石小三十一岁，与之订交并交往，是他在北京漫长的岁月里，彼此相知甚深。

齐白石为他人的画题款，时或有之，但与人合作作画，则鲜少。但他不但为高希舜题画数幅，而且还与其多次共作一幅画，可见他对后学、乡贤的激赏与奖掖。《代序》称："白石见其画荷，为之补以草虫，尝曰：余平生于绘事不喜与人合作，独爱林兄所作竟出前人窠臼，故尝与之合作。"

1931年，高希舜画生长着的芋茎芋叶，齐白石为之补蟹，并题款："一峰山人画芋甚工，余补以蟹，更见生动，辛未夏齐璜记，时同客旧京。"

在《高希舜画集》中，都为工笔、写意，而且多由他人题款，如齐白石、王梦白、姚茫父等人。没有他人题款的，高希舜多采用穷款的形式，有的只钤印而不写一字。我推测，高希舜可能或不长于诗词文翰，或有另外的考虑。

1924年，高希舜作《荻雀图》条幅，荻花两茎，麻雀一只。齐白石却在画上择空白处分别题款三则。一为："霜叶如刀双刃斜，山边壕下影交加。从来不足为人赏，樵牧相传唤作花。"其二："时看好鸟去犹还，不入牢笼天地宽。却是为何忙不了，这边飞过那边山。"其三："此花吾乡最多，不知为何名，非芦花也。"显得有些简单的画面，顿时文气氤氲，十分耐读。

齐白石为高希舜之画题款，往往能做到别有意趣，升华画旨。1927年，高画藕和苦瓜，齐先写"甘苦并香"四个篆字，再题两行自上而下的款识："一峰山人苦心于画将二十年，今得游历于外参观风景，自谓君子耐苦，因画此幅。余以为所画皆蔬类也，为篆四字并记之。兄璜白石山翁。"表述的是对一种事业的追求，总是先苦后甜或苦中有甜，此为常理。

齐白石在题款中，常常情不自禁地表达他和高希舜一种忘年交的美好情愫。

在 1924 年的《鱼瓮图》上题曰："厨下有鱼皆不炊，堂前有瓮未曾开。与君不饮何时饮，李白刘伶安在哉。"

齐白石时时注意提携后学，而且表现出为人为艺的低调，这种胸怀和精神最令人敬佩。高希舜画《蒲田戏鸭图》，陈半丁先题："舜翁泼墨淋漓，用笔圆浑处，白石翁不能胜也。"这种题款虽意在夸奖高希舜，却拿来与齐白石相比，则是用语不当。但齐白石不以为意，反而在题款中进一步对高予以表彰："一峰山人之于画，手带铁圈五斤半以练其技，故有此幅之独到处，真神品也。"还在《白荷》画上题曰："余见一峰山人画颇多，即画荷以此为最佳。璜喜记数字，非好事也。"

高希舜辞世于 1983 年，享寿八十有八。

株洲名画家吴力虎

在《齐白石辞典》一书中，有"弟子"的栏目，梅兰芳、李苦禅、李可染、王雪涛、娄师白等众多名家，皆井然入列。而与湖南湘潭相邻的株洲，亦有唯一的一个齐门弟子吴力虎名录此中。

"吴力虎，字励吾。湖南省湘潭县三门人（今属株洲），三十年代就读于北平国立艺专。时齐白石任教于该校，见吴聪颖，画好；加之是亲戚，让其常在身边侍画，吴获益匪浅。齐尝于吴画梅花题诗。吴获齐赠画颇多。其学画先攻山水，后以山水画大费时日，不宜应酬社会，遂改习花鸟。毕业后，曾在洛阳等地任美术教师。四十年代回到三门，在家作画不辍……六十年代初去世。"

在"吴力虎"的辞条中，没有他生卒的具体时间。《齐白石辞典》，2004年 10 月出版，离吴力虎辞世，已有四十余年。加之吴力虎当时居于比较偏远的乡村，画名没有得到很好的传播，故知之者甚少。特别是因新中国成立前家有田产，生活富足，又任过当地国民党区分部书记，故在新中国成立后作为地主分子、反革命的身份，处境极为艰难。湘潭老画家周宗岱，在《白一老师几件事》中，叙述了 1957 年，他与省会长沙名画家陈白一，因一个偶然的机会，发现吴力虎的画作后，不避嫌疑，全力推介一事。

周宗岱当时供职于湘潭县文化馆，正筹备湖南第一届美展的参展作品，"有天，接到一个叫吴力虎的人寄来的作品，画得太好了！"于是，他依照地址去了现属株洲县的三门雷打石乡。"乡政府告诉我，他（吴力虎）是地主分子，又是反革命……我仍然去他家找着他。他家中一无所有，却有一口很大的木箱，里面全是一卷卷的画，精精致致。拿出来，头一幅就是齐白石的紫藤，又一幅齐白石的虾，还有徐悲鸿的。这都是吴力虎在北平艺专毕业南归时的赠别礼物。他自己的作品也不少，我挑了几件。"湘潭县文化馆把吴的作品带到长沙去定夺。当时在省群众艺术馆工作的名画家陈白一、周达等人，看完吴画后赞不绝口，"当即决定可以参展，还说展览就是要挖掘人才"。

吴力虎参展的两件作品，一幅天竹，一幅牡丹。当时的湖南省委宣传部部长唐麟，在展出后，特意以四十元购下了吴的牡丹画，那是一个很高的价格。周在文章中说："通过这次美展，吴力虎为人所知，不久湖南人民出版社美术组符仕柱就找吴力虎画教材。随后反右、'大跃进'几次运动轰轰烈烈展开，吴力虎终于没能发挥他的特长，死了。"

齐白石开始任教于北平艺术专科学校，是 1927 年林风眠当校长时。直到卢沟桥事变，齐白石方辞去教职。北洋政府垮台后，该校改名为北平大学专科艺术学院，继任的院长为严智开、赵琦。1928 年秋，徐悲鸿走马上任。吴力虎在该校读书时，为徐悲鸿任院长、齐白石任教授的 20 世纪 30 年代初，年纪也就二十岁上下。那么，吴力虎于 20 世纪 60 年代初辞世，大概年纪也就五十多岁，属于壮年早逝，何其可惜！

吴力虎珍藏的"齐白石所赠《紫藤》《群虾》后由湖南省博物馆收藏，并曾作为精品展出"（《齐白石辞典》）。

作者简介

聂鑫森，1948 年生于湖南湘潭。中国作协会员，湖南省作协副主席、株洲市文联副主席。

始大入其室而后造门户

——从齐白石的勾描临写说起

周　平

【内容摘要】勾描和临写是学习传统艺术最重要的方法与途径。因勾描需亦步亦趋，劳神费力，以及有"易失古人笔墨"之忧，故一般人宁可花大力气临写也不愿意为之一试。齐白石对勾描与临写之法的实践是心无旁骛，持之以恒，一直到晚年；其认识也从最初朴素的求"像"开始，上升到了深入古人堂奥的方法论高度，过程虽然漫长，作用却极为重大。文章从齐白石的勾描与临仿说起，试图通过对齐白石成功案例的分析，以引起人们对学习方法与思"变"意识的关注。

【关键词】齐白石　勾描　临写　入其室　造门户

在目前所见齐白石的临摹作品中，有两件早年的书法临作特别引人注目。一件是作于1905年左右的《仿爨宝子书》，一件是1911年春节的《仿麓山寺碑》。

细观齐白石赠予恩师胡沁园之子仙谱九弟的《仿爨宝子书》，笔画、字形、结构均尽力忠实于原碑，对于磨损、漫漶的字与笔画，宁可不写，也不强为，如"環"

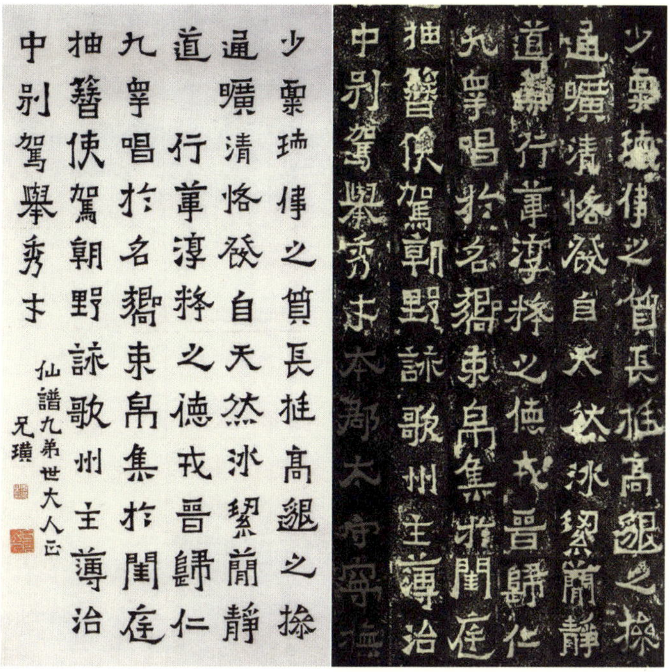

字右下、"然"字左上等部分以及"筑"字等，确实如郎绍君先生在《齐白石的世界》一书中介绍这件作品时所言的"认真得近于刻板，似乎是描出来的"[1]。（见图1）尽管此作不是勾描而是临仿，而正是这种真实于原碑看似愚笨刻板且近乎勾描的"临仿"，却是齐白石大入古人堂奥的金针法门。

图1 齐白石临《爨宝子碑》对应图

下面是一系列齐白石有关"勾描"的记载。

8岁时通过"勾影"雷公神像被同学索要，获得了莫大的绘画兴趣。"描红"是小学写字的入门功课，即在印制好的淡红色或浅色字帖上，用墨笔填写。齐白石在描红之余更喜欢绘画，于是在放学之余，便对着同学家门楣上的雷公神像，在描红本上画了起来。因为画来画去总画的怪模怪样，于是搭起凳子，用薄竹纸蒙在神像上勾影。也因为"简直是一般无二"，信心增长的同时，兴趣便愈发浓厚也就自然而然了。[2]

20岁时通过"勾影"《芥子园画谱》，掌握了推陈出新的途径与方法。最初的动机只是为了方便雕花有谱，然而，半年心无旁骛、从头至尾、由简到繁、装订成厚厚"十六本"的勾描，不仅熟悉了各类题材的结构与比例，更为难得的是对"阴阳向背"、"左右顾盼"等画理的知晓。于是，雕花木刻之余，也有了画画的名声[3]。

43岁时以"朱笔勾出"赵之谦《二金蝶堂印谱》,从而开始了齐白石"书从印人"的变法探索之旅。随着27岁拜师胡沁园、陈少蕃习画读书,32岁结"龙山诗社",与长塘黎氏叔侄习钟鼎篆隶,37岁拜师王闿运,40岁开始"五出五归",齐白石交游渐阔,眼界渐宽。弃斧斤,操笔墨,跻身于文人画师之列,以润资所得,筑起了"借山吟馆"。身份不同了,但沿用的方法没变。"在黎薇荪(名承礼)家里,见到赵之谦的《二金蝶堂印谱》,借了来,用朱笔勾出,倒和原本一点没有走样。从此,我刻印章,就模仿赵㧑叔的一体了。"[4]齐白石勾摹赵之谦印谱一生至少有三次[5],不但自己如此,也指导弟子照做[6],说明齐白石对勾描之法的认识,已由最初朴素的求"像"上升到了深入古人的方法论高度。特别是赵之谦"息

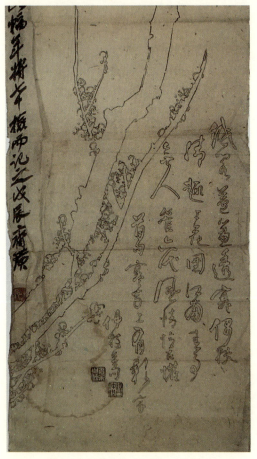

图2　勾描谭仲牧《梅花》(局部)

心静气,乃得浑厚"、"从六国币求汉印,所谓取法乎上仅得乎中也"、"二金蝶堂双钩两汉刻石之记"[7]等边款与印语,不仅让齐白石找到了自身风格由"秀""巧"走向拙中藏巧、粗中寓雅的方向与路径,更为难得的,是从心仪者身上获得的对"勾描"方法的认同:赵之谦也用此法学习古人!于是,齐白石仿其范式刻了一方"㧑叔印谱濒生双钩填朱之记"[8]以纪当时所得。

其实,齐白石不但花大力气勾摹了《芥子园画谱》《二金蝶堂印谱》等系列作品,对喜欢的作品也多用勾描之法取之,如《北京画院秘藏齐白石精品集·卷一》所载《双钩谭仲牧梅花》图,即是齐白石30岁前对同时代画家谭仲牧的《梅花》

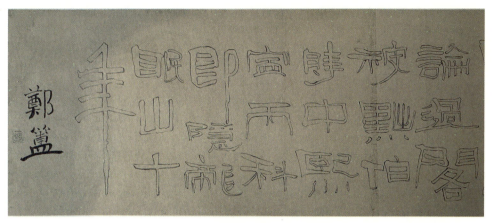

图3 勾描郑簠《论李伯时》（局部）

的双钩本。这件双钩本高 114 厘米，宽 32 厘米，齐白石不仅双钩了梅花，5 行题款和 2 方印章也一并双钩。1928 年齐白石 66 岁时又补款："余三十岁以前拜服瓮塘老人画梅，双钩此幅，年将七十，检而记之。"[9] 即见一斑。（见图 2）又如勾摹清人郑簠的隶书《论李伯时》横幅[10]，（见图 3）《汉印集韵选抄》，以及丁龙泓、黄易印谱，八大山人、徐青藤、金冬心等画作，从齐白石众多言语中，都是可以想见的。

勾描之法古已有之。"摹""描""双钩""勾填""勾影""响拓""影书"等等，名虽有异，其实一也。中国传统艺术历来讲究写照的传神，对以形达神的"形"的讲究要求极高，故南朝姚最《续画品》有"轻重微异，则妍鄙革形；丝发不从，则欢惨殊观"，同时期的王僧虔《笔意赞》也有"纤微向背，毫发死生"等相关表述，说明无论绘画与书法，形对神的影响，都具有关键作用。中国传统艺术历来又讲究"师法古人"，在古人的典则模范中学习经验，掌握方法，而进入古人经典的不二法门就是临与摹。"摹"因要将薄纸覆于底本上亦步亦趋的勾描，不仅费时耗力，一时难见功效，况南宋姜夔《续书谱·临摹》还有"摹书易得古人位置，而多失古人笔意"之论，故一般人皆喜欢"临"，对"摹"则退避三舍而不肯为。其实从勾摹入手，看似愚笨，实则高效。关键在专心致志，久而久之，烂熟于心，便能既得古人位置，又得古人笔意。且于用笔之精细处，更多一层体味。

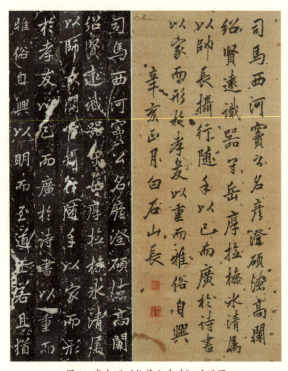

图 4　齐白石《仿麓山寺碑》对照图

齐白石《仿麓山寺碑》，见载于湖南美术出版社《齐白石全集·卷九》，款署"辛亥正月，白石山长"。"辛亥正月"即 1911 年正月，齐白石时年 49 岁。年前 9 月，翰林出身、曾为四川崇宁县令的书法篆刻家长塘黎承礼（1868—1929，字薇荪，号鲸庵），回湘出任湖南高等学堂（湖南大学前身）监督，在岳麓山下新造"听叶庵"后，邀请齐白石到岳麓山寻仿唐李邕《麓山寺碑》[11]。三个月后，齐白石"临仿"了这件作品。（见图 4）

经与原碑对照，齐白石在临摹过程中多次出现了错字、漏字和句子颠倒的状况，如"师"误为"帅"、"长"后缺"阆官"二字、"随手以家而形于孝友，以己而广于诗书"反转为"随手以己而广于诗书，以家而形于孝友"等。缺字与语句反转可能是版本原因，但将"师"写成"帅"应为一时疏忽。可以看出，齐白石在临写过程中，没有像仿写《爨宝子碑》时的亦步亦趋，而是如孙过庭所言"察之者尚精"之后，不拘泥于一点一画之形似，在乎的是气息的流畅与通达，亦如孙过庭之"拟之者贵似"，所以临写起来用笔干脆而肯定。

在这种"干脆而肯定"临写的作品中，可以清楚地感受到齐白石此时的自信，以及由自信而生发出的自我意识的萌动。

在另外一组类似的作品中，即 1917 年齐白石 55 岁时对金农《山水人物》[12]小品的临写，可以更加明显地看出这一点。面对金农的设色《山水人物》，齐白石根据金农笔意以水墨勾出，根据手中纸型与原作不同的特征，对构图做了重新

安排，如第一图中
赏梅者、梅树与围
墙、院门的位置关
系，（见图5）第
三图中竹枝、竹叶
的组合及其与题
字的相互关系等，
完全是理解后的
重新组合与描述，
却又是完整的金
农面貌[13]。（见图6）

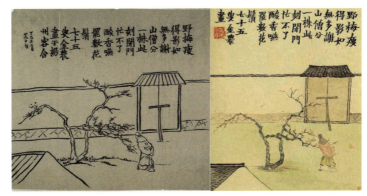

图5　齐白石临《金农山水人物》对照图

　　据此，我们
可以做出这样的
解读：
　　自1902年至
1909年完成了"五

图6　齐白石临《金农山水人物》对照图

出五归"（实际是"六出六归"，从齐说）的"身行半天下"之后，齐白石完
成了身份的转变，可以凭手中笔墨养活一家老小，过上清适的田园生活。因此，
一直到1917年的这段时间，基本活动就是乡间、湘潭、长沙范围内师长朋友
之间的交往、切磋与自身笔墨语言的修习。发现自身功基不实而勤奋读书自立，
以及因画作、印章不断被人欣赏追捧而促成自我意识的彰显，应是这期间的最
大收获。正是因为有了这份收获，1917年夏天避乡乱上北京，渐次与陈师曾、
陈半丁、林风眠、徐悲鸿等人特别是陈师曾的交往，因"知余画过于形似，无
天然之趣"以及陈师曾"画吾自画自合古，何必低首求同群"[14]的规劝，才可
以有"即饿死京华，卿等勿怜"[15]的持续十年（实际是整个晚年）"衰年变法"
的胆量，才可以有书法融于画法、画法融入书法、书画相融、随心所欲的"胆
敢独造"的成功。[16]

齐白石晚年曾致信李立先生："窃意好学者无论诗文书画刻，始先必学于古人或近时贤。大入其室，然后必须自造门户，另具自家派别，是谓名家。"[17] 齐白石在这封看似普通的信中，根据自身经验，提出了学习传统"诗文书画刻"的"一个必须"和"三个层次"之说。

凡学者，都"必须"以古人或时贤之经典为入门之阶，此"必须"乃自古之常例。《芥子园画谱》《二金蝶堂印谱》《唐诗三百首》何绍基、金农、李邕等，都是齐白石的学习对象。

第一层次：大入其室。齐白石的经验，一是心无旁骛持之以恒的"无我"勾摹，二是自我意识从萌动到彰显的"有我"临写。

第二层次：造门户。齐白石的方法可以从其题画和语录中寻找答案："余之画虾，已经数变。初只略似，一变毕真，再变色分深浅，此三变也。"[18]"再后喜《天发神谶碑》，刀法一变。再后喜《三公山碑》，篆法一变。最后喜秦权，纵横平直，一任自然，又一大变。"[19]

第三层次：名家。"变"是造门户的方法与手段，而指导方法与手段的主体思维意识及其过程的坚忍，才是真正的"名家"之道。"余作画数十年，未称己意，从此决定大变。不欲人知，即饿死京华，公等勿怜，乃余或可自问快心时也。"[20]齐白石的这句话在当时可看成是"明志"，在今天看来，却是实实在在的肺腑真情。所以，"扫除凡格总难能，十载关门始变更。老把精神苦抛却，功夫深浅心自明。"[21]一位老者，费尽千辛万苦爬上高峰，回过头来俯览走过的山路与脚下的群峰，发出一声轻叹："唉。"

胡适先生评价齐白石所作文章的用字和造句具有"朴实的真美"，是古文家"决不敢这样写"也"想不到"的。而达到这种"很有诗意""很有画境"之"朴实的真美"的原因，是"他没有受过中国文人学作文章的训练"[22]。而没有受过中国画家学习绘画的训练的齐白石，虽起步甚晚却能深入古人堂奥而后独开新面，成为诗书画印领域的一代宗师，其独特的学习方法与心路历程，足以发人深思。

注释

1. 郎绍君著：《齐白石的世界》，台北羲之堂 2002 年出版，第 494 页。

2.3.4. 齐白石：《白石老人自述》，山东画报出版社 2007 年出版，第 40 页。

5.6.8. 齐白石《双钩本二金蝶堂印谱序》，转引自李季琨《湘潭历史文化名人丛书·齐白石卷》，湖南人民出版社 2009 年出版，第 186 页—187 页。

7. 赵之谦著：《二金蝶堂印谱》，台北艺文印书馆 1989 年出版，第 134 页。

9.《北京画院秘藏齐白石精品集1》，广西教育出版社 1998 年出版，第 284 页。

10.《北京画院·齐白石全集·书法篆刻卷》，文化艺术出版社 2010 年出版，第 59 页。

11. 胡适、黎锦熙、邓广铭编：《齐白石年谱》，商务印书馆 1949 年出版。

12. 金农《山水人物》册页（八开），360doc 个人图书馆 http://www.360doc.com/content/15/0421/14/15883912_464838482.shtml

13.《北京画院秘藏齐白石精品集1》，广西教育出版社 1998 年出版，第 390 页。

14. 齐白石著：《白石老人自述》，山东画报出版社 2007 年出版，第 112 页。

15.20. 齐白石著：《齐白石自传·乙未日记》，江苏文艺出版社 2012 年出版，第 178 页。

16. 周平：《绘画款识中的齐白石书法之笔法形成研究》第 152 页—161 页，《齐白石研究》第 1 期，湘潭大学出版社 2007 年出版，第 152 页—161 页。

17. 郎绍君、郭天民主编：《齐白石全集10·诗文》，湖南美术出版社 1996 年出版，第 95 页。

18.《北京画院秘藏齐白石精品集2》，广西教育出版社 1998 年出版，第 263 页。

19. 齐白石著：《白石老人自述》，山东画报出版社 2007 年出版，第 169 页。

21. 齐白石著：《齐白石诗集》，广西师范大学出版社 2009 年出版，第 197 页。

22. 胡适、黎锦熙、邓广铭编：《齐白石年谱》序一，商务印书馆 1949 年出版。

作者简介

周平，湖南科技大学教授、书法方向硕导，湖南省书法院特聘研究员，中国书协会员，中华诗词学会会员。

读齐白石《篆书马文忠公语》

王奇志

　　周末开会之余，翻王明明主编《北京画院品读经典》，观白石翁篆书条幅（见图1），文曰：

　　　丈夫处世，即寿考不过百年，百年中，除老稚之日，见于世者不过三十年。此三十年，可使其人重于泰山，可使其人轻于鸿毛，是以君子慎之。（于）马文忠公语。

　　白石书法自成体式，亦为一绝。行书于李北海《麓山寺碑》《云麾将军碑》用功颇勤，篆书则钟情于《天发神谶碑》《祀三公山碑》，直至九十多岁，白石老人还临池不辍，坚持写篆楷隶夹杂的《曹子建碑》。

　　此篆书条幅自《秦诏版》《祀三公山碑》化出，一改常人之规整板滞，呈现出汪洋恣肆、自由灵动、老辣厚重、稚气天真的风貌，乃齐氏独树一帜篆书之典型。

　　抚卷感慨再三。忽忆日前北京画院李凤龙兄问及白石此作中"马文忠公"为何许人也。查阅资料，有所得。

一、马文忠公何许人也

马文忠公，明末马世奇也。

《明史·马世奇传》：马世奇，字君常，无锡人。世奇幼颖异，嗜学，有文名。登崇祯四年进士，改庶吉士，授编修。十一年，帝遣词臣分谕诸藩。世奇使山东、湖广、江西诸王府，所至却馈遗。还，进左谕德……赠礼部右侍郎，谥文忠。

《明季北略·马世奇》：马世奇，字君常，号素修，南直无锡人。祖濂，嘉靖庚戌进士，桂林守。父希尹，万历壬子贡生，太仓儒学。公生颖异，少即与弟孝廉世名，攻苦下帷，有平原二龙之誉。年十八，为诸生，三试皆第一，时号小三元。嗣后试无不冠军，所栖斋名澹宁居，与世名日取同门录、尚书义，甲乙其中……南都赠公礼部右侍郎，谥文忠。

马世奇少即有文名于时，著有《书经直解》《忠镜录》《淡宁居文集》《淡宁居诗集》，辑有《宋元文选》、《明诗选》等。居官时则好扶掖后进，清廉耿介。明末傅山倡导的启蒙性学生运动获得成功后，士林"依为所指"的马世奇以一篇《山右二义士记》表彰了傅山的义行，傅山因此名扬京师。

图 1 齐白石 书马文忠公语篆书 轴 纸本
135cm×37.5cm 1937 年 北京画院藏

马氏性忠烈，有名节，列于馆阁德高望重者。李自成攻北京，都城破陷。马氏整肃衣冠，捧所署司经局印，望朝拜毕，自缢而死，成为明末首位殉节官员。故南明弘光朝谥其"文忠"。

二、白石翁数书"马文忠公语"

于马文忠公，白石敬其忠烈，马氏诗文，常有诵读。此篆书条幅内容，经检索，出处见于清人丁福保所撰《少年进德录》第五章《立志》。

白石翁深喜此段文字，数次书写。就目前出版收录所知，仅篆书即可见四幅。上文提到《北京画院品读经典》收录此条幅，无上款，当为自存。另三幅，分别为冷庵胡佩衡、弟子王文农和啸天将军杨虎所书。

胡佩衡，号冷庵，白石老人忘年交，两人整整相差 28 岁。白石初到北京困难时期，发现齐白石的艺术价值并进行推介的人，除了陈师曾、徐悲鸿之外，最

图2 齐白石 书马文忠公语篆书轴 纸本 尺寸不详 1938年 炎黄艺术馆艺术中心藏

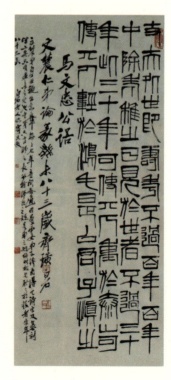

图3 齐白石 书马文忠公语篆书轴 纸本 137cm×59cm 1943年 王文农藏

重要的就是胡佩衡。1928 年，胡佩衡为齐白石出版了他人生中第一本画册《齐白石画册》。1938 年，白石老人为胡佩衡书篆书条幅（见图 2），内容即为"马文忠公语"。

1943 年秋，白石老人书赠弟子王文农篆书中堂（见图 3），内容同样为"马文忠公语"，款曰："马文忠公语，（与）文农仁弟之论篆。癸未，八十三岁齐璜白石。"又加题行书长款："文农弟自丁丑秋出京华，忽忽七年，音问无通，因曼云女弟子转函，得见诗字及篆刻皆工矣，只有画未之见也。书笺只言师之长，不舍师法之短，是弟之短。何时相见，耿耿于怀者，吾年八十三矣，白石老人临寄又及。"钤印七枚：悔乌堂、甄室、白石、老白、知我还在、知己有恩、心耿耿。

1951 年，白石翁 91 岁，为啸天将军杨虎以"马文忠公语"书篆书中堂。此作 2016 年出现在嘉德秋拍。白石翁此作款识为：辛卯五月五日，啸天将军老弟之属，九十一岁白石老人。钤印：白石、齐璜之印。老人以"丈夫处世"箴言为题，赞啸天将军品格"重于泰山"，不虚度人生精华三十年，诚真君子也。

三、齐白石反复书写同一内容蠡测

齐白石为何至少四次书写马文忠公语，

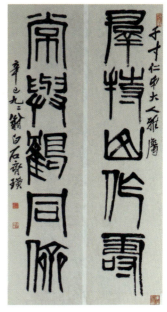

图 4　齐白石　群持·常与篆书　楹联　纸本 178cm×46cm ×2　1941 年　首都博物馆藏

图 5　齐白石　群持·常与篆书　楹联　纸本 179cm×46cm×2　1942 年　湖南省博物馆藏

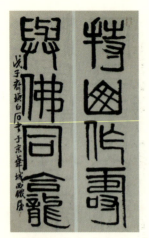

图 6 齐白石 持山·与佛篆书楹
联纸本尺寸不详1948 年 藏地
不详

图 7 齐白石 群持·常与篆书楹
联纸本尺寸不详1949 年 藏地
不详

图 8 齐白石 持山·与篆书 楹
联 纸本 173.2cm×47.8cm×2
1953 年 鲁迅美术学院藏

且四次皆为篆书，愚以为原因有二。

其一，白石有反复书写同一内容的习惯。如关键词为"持山作寿、与鹤同侪"联语，齐白石分别于 1941 年、1942 年、1948 年、1949 年、1953 年反复以篆书对联形式书写（见图 4 至图 8）。这种反复书写，我们绝不能视为齐白石的"重复劳动"，而是齐白石在反复书写中捕捉灵感、强化自我的"白石秘方"。

其二，齐白石与马文忠公语产生了强烈的共鸣。马文忠公此段话中包含了两个重要内容，一是为人立世应当树立"重于泰山"的"丈夫"人生观，二是要珍惜时光。白石翁一生虽然甘于寂寞，但矢志在诗书画印领域里开辟出属于自己的天地，这一点与马文忠公所强调"重于泰山"的"丈夫"处世哲学是息息相通的。至于珍惜时光，白石翁诸多"不教一日闲过""一息尚存书要读""痴思长绳系日"之美德，至今仍被广大艺术家奉为圭臬。

作者简介

王奇志，1972 年生，湖南湘潭人。毕业于湖南师范大学美术学院。现为中国书法家协会会员、湖南省书法家协会新闻出版传媒委员会委员、湖南省中国画学会理事、齐白石纪念馆副馆长、三社美术馆副馆长。

齐白石印谱综考

李 砺

齐白石（1864—1957），生于湖南长沙府湘潭（今湖南湘潭）。原名纯芝，字渭青，号兰亭，后改名璜，字濒生，号白石、白石山翁、老萍、饿叟、借山吟馆主者、寄萍堂上老人、三百石印富翁。是近现代中国绘画大师，世界文化名人。早年曾为木工，后以卖画为生，五十七岁后定居北京。擅画花鸟、虫鱼、山水、人物，笔墨雄浑滋润，色彩浓艳明快，造型简练生动，意境淳厚朴实。所作鱼虾虫蟹，天趣横生。齐白石书工篆隶，取法于秦汉碑版，行书饶古拙之趣，篆刻自成一家，善写诗文。曾任中央美术学院名誉教授、中国美术家协会主席等职。

和所有杰出的篆刻家一样，齐白石也有一个不断吸取传统融会贯通的过程，在其《白石印草》中记叙了他初始刻印的时间是"始于二十岁以前"。但基本上找不到当年的作品了，黎松庵是白石诗友兼印友，是白石刻印真正的启蒙老师。《齐白石自述》曾几次提到过黎松庵。回顾白石老人篆刻，赵之谦对他影响很大，1938年，他在周铁衡《半聋楼印草》序中写道："刻印者能变化而成大家，得天趣之浑成，别开蹊径而不失古碑之刻法，从来惟有赵㧑叔一人。"齐白石摹仿赵之谦，时间跨度近二十年，齐白石努力摆脱摹仿，兼取汉印，自出机杼，敢于独造；见《祀三公山碑》《天发神谶碑》，篆法一变再变，印风雄奇恣肆，以其独特篆刻艺术成为民国四大流派的齐派篆刻代表人物。

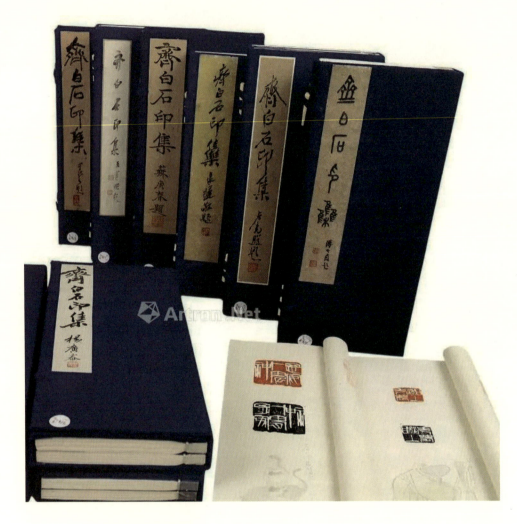

一、齐白石印谱概述

白石印谱，简单说有两种：一种是其自钤自刊的印谱；如 1890 年辑《齐濒生印稿》，1899 年的《寄园印存》，1909 年辑《白石印草》《白石草衣金石刻画》，1921 年辑《白石印草》五册，1928 年 10 月所刊《白石印草》，有白石自序，同时有 1904 年王湘绮为白石作序。又有 1933 年，白石 71 岁时将四年所刻印，集谱刊行，同谱另有自序。还有 1944 年，白石自称 84 岁，为朱屺瞻刻满 60 印。两年后，朱屺瞻拓成《梅花草堂白石印存》请白石作序附之刊行，这也算白石认可的自己的印谱。

　　另一种是后人所集的白石印谱，包括了白石好友、子孙或弟子们所编的作品集中著录的白石篆刻。例如 1956 年，黎锦熙、齐良己主编《齐白石作品选集》其中收入的篆刻作品。其后这种集刊的《印集》层出不穷，尤其新中国成立以来的近 70 年，版本甚多，良莠不齐。其中佳者，如由陈奇凤手拓编纂、启功先生亲手书序，香港"翰墨轩"出版的《齐白石印集》。以及湖南美术出版社出版的郎绍君先生等主编的《齐白石全集·篆刻卷》。还有北京画院编辑、天津杨柳青画社出版的《齐白石三百石印》《齐白石三百石印朱迹》等。

　　自明清篆刻艺术兴起至今，齐白石印谱的拓制、刊行、出版版本之多恐怕是目前最多的。白石老人也重视对自己作品的保存、流传，他最早的印谱是在 1890 年时的辑自刻《齐濒生印稿》。据王徽《二百年湖南印学简表》载："齐白石辑自刻印成《齐濒生印稿》一册"。其时白石仅 27 岁，按其所述"余刻印始于二十岁前"，估计学刻印只有七八年时间，他就有意识要保存自己的作品，辑谱以传，实际上是一种想成名成家的愿景，也就是说白石老人在 20 多岁便有立志成名的理想抱负。这印谱也促使齐白石在篆刻的道路上越走越远。

　　第二本印谱为《寄园印存》，据湘潭王徽《二百年湖南印学简表》载为 1899 年。禹尚良、罗菡所辑《齐白石年谱》云："是年齐白石首次自拓《寄园印存》四本。"其时刻印，"印学丁敬、黄易，规矩精密，可以乱真。"第三本印谱为《白石印草》，也是齐白石辑自刻拓制而成，乃白石学丁、黄一路浙派风格作品，1904 年 4 月 10 日，王闿运应夏时之邀带上"王门三匠"再到南昌。这次同样受到了隆重的礼遇，大小官员聚集在滕王阁候船接待。到公馆后，沈曾植、陈三立等即来谈。次日，陈三立又带同事黄大埙、刘景熙前来拜访。齐白石来之前做了些准备，将自己这些年的得意之作精心钤拓，装订成册带上，好到江西给当地的官员名家指点，顺便接点业务。因去年随夏寿田出游西安、北京、天津、上海回来得了上千两银子，尝到了甜头。在南昌期间又请老师在印谱上作了序。齐白石在其《白石老人自述》中详细记述了此事："七夕那天，湘绮师在寓所，招集我们一起饮酒，并赐食石榴。席间，湘绮师说：'南昌自从曾文正公去后，文风停顿了好久，今天是七夕良辰，不可无诗，我们来联句吧！'他就自己唱了两句：'地灵胜江汇，星聚及

秋期，我们三个人听了，都没有联上，大家互相看看，觉得很不体面。好在湘绮师是知道我们底细的，看我们谁都联不上，也就罢了。我在夏间，曾把我所刻的印章拓本呈给湘绮师评阅，并请他做篇序文。就在那天晚上，湘绮师把做成的序文给了我。到了八月十五中秋节，我才回到了家乡。这是我五出五归中的二出二归。"回湘后，齐白石投资正式出印谱了，取名《白石草衣金石刻画》，正式用上了王闿运南昌时所作之序。那时齐白石虽有 42 岁了，但于艺术来讲还未到成名成家的地步，才二出二归，还未扬名海内，但《白石草衣金石刻画》刊行让他因此有了一种沾沾自喜，一份激励前行，也是齐白石扬名海内的第一份宣传单，一个新起点。1909 年，齐白石出游广东，是年辑拓印谱，仍名《白石草衣金石刻画》。1921 年白石老人辑自刻印成《白石印草》五册。1928 年，齐白石再次拓制成《白石印草》四册。绝大多数乃白石为人所刻名号印，其中包括杨度、夏寿田、梅兰芳、梁启超、陈师曾、周作人等著名人士，所作已显白石自家面目。前仍用王闿运序，自己也作了一个序：

　　余之刻印始于二十岁以前，最初自刻名字印，友人黎松庵借以丁黄印谱原拓本，得其门径，后数年得《二金蝶堂印谱》方知老实为正，疏密自然乃一变。再后喜《天发神谶碑》，刀法一变。再后喜《三公山碑》，篆法一变。最后喜秦权，纵横平直，一任自然，又一大变。忆自甲辰前摹丁、黄时所刻之印，曾经拓存，湘绮师赐以序。至丁巳乡乱，余欲避乱离家，因弃印草，仅取序文藏之破壁，得免劫灰，然序文虽存，印拓全没。余不忍心负师文，乃取丁巳后所刻诸印实之，是等诸印，乃余偷活燕京，自食其力，无论何人求刻之印拓存之，共得四本，成为印草，仍冠湘绮师序于前，戊辰冬十月，齐璜白石山翁自序，时居燕京。

  从 1919 年到 1933 年间齐白石往返京湘数次漂泊不定，其间又只以《白石印草》为谱名，多次辑拓，其间版本最多，随拓随出，随拓随赠。其间有 1919 年姚石倩拓《白石印草》，白石翁亲为其谱作记（见《齐白石文集》之姚石倩拓白石之印记）。亦有张伯任所拓《白石印集》，亦有白石题跋，（见《齐白石文集》之题张伯任所集白石印集）。近年来见诸各大拍卖会者不少，如见于 2013 嘉德成立 20 周年春季拍卖会，《齐白石刻印章四件及自用印谱》罗随祖先生专为此作文《一组重要的齐白石篆刻资料》对此印谱作了专门介绍："有函套，没有书签，瓷青封面，开本高 19.7 厘米、宽 8.4 厘米，内署"清秘阁制"的淡蓝丝框谱芯。一册 40 页，另一册 46 页，每页钤一印，而两册中各有一页钤两印。此印谱的第一册，以及第二册的前 6 页，每一印的钤本下，都有白石墨书自批注的文字。文字内容大多是记述此印的创作时间，或回顾记述。从形式上可以明确看出这是白石篆刻自留的底稿，或称之为不同时期自用印的底本。其内容除第二册 6 页以后，都未离'三百石印'的范围。"还有上海鸿海商品拍卖有限公司 2010 年春季艺术品拍卖会曾见《白石印草》二册无版框，白石题识：宝珠如妇笑存，己巳六月老夫与之。钤"老白"，十分珍贵。包括李立藏本《白石印草》二册，白石自签，1928 年至 1931 年拓成，有白石墨迹："戊辰印草之余，宝姨得之，只成三部，老夫白石记。""辛未秋九月中，宝珠属拓近刻之石，老夫白石。"是拓给宝姨收藏的，内页还有印跋多处。是良已赠与李立的，有齐良已跋云："此二本乃先子昔年刊印，数年离乱，幸未成秦灰，赠李立贤侄留念，白石五子良已。"都是 1919 年到 1933 年间所拓印谱，估计还有很多还未露出水面，这些印谱所收印没有明显的时间段，谱与谱之间每有重复钤拓，又不全相同，很难述清其来龙去脉。1933 年所拓《白石印草》有白石自序云：

余五十五岁后居京华，所刻之石，约三千余方。当刻时，择其对古今人而无愧者，计二百三十四印，每印拓存三百页。有求刻者促迫取去，不能拓存三百页者，拓存一二方制成锌印。合手拓仅成《白石印草》八十册，一散而尽。此册重制，有七十岁以后所刻自家用印六十余方加入。换出以前锌印勿拓，再成八十册，仍用湘绮师原序冠之。癸酉夏六月，时居京华之西城。齐璜白石自序。

白石先生55岁后居京华，所刻之石3000余方，而自认为"对古今人而无愧者，计二百三十四印"。见于求者甚多，白石先生便集成《白石印草》一书，钤印80部，一经问世便"一散而尽"，鉴于此，白石先生又再次重制，而重制本则有"七十岁以后所刻自家常用印六十余方加入。换出以前锌印勿拓，再成八十册"。另在一年中有多次拓本，如其1933年另拓《白石印草》记云"予戊辰出印书后，刻之印为外人购去，印拓二百，此二百印，自无制书权矣，庚午辛未二年刻印，每印仅拓存六份，成书六册，计十本。每本计□十□印。壬申癸未二年，世变至极，旧京侨民皆南

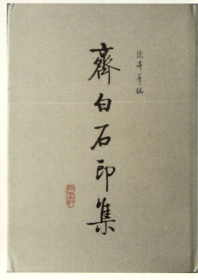

窜。予虽不移,窃恐市乱,有剥啄叩吾门者,不识其声,闭门拒之。故刻石甚少,只成书四本,计十册,备本口印。以上皆七十衰翁以原砂泥亲手拓存,四年精力,人生几何。饿殍长安,不易斗米。如能带去,各捡一册,置之手侧,胜人入陵珠宝满棺。是吾子孙毋背斯嘱。"这也是《白石印草》所见版本多的原因之一。

还有《白石翁印谱》四册,1934年拓存,无版框,有印刷体"三百石印斋"白石自序:"余三十岁后,以三百石印名其斋,盖言印石之数,所刻者仅名字印数方,适诗画之用而已。至六十岁,集印石愈多,其中有佳石十之二三,丁、戊连年已化秦灰矣。丁、戊后避乱居京华,得印石又能满三百之数,惜丁、戊所失之佳者。年七十一,门人罗祥止欲穷刻印之绝法,愿见当面下刀,余随取自藏之印石,且刻且言,祥止惊,谓如闻霹雳,挥刀有风声,遂面北执弟子礼,越明年,余中英继至,亦有祥止之愿,余一时之兴致。不一年,得所有之石已刻完,实三百之数过矣。其刻成之功,实罗、余二生,故序及之,今暂拓数册,分给家藏。使儿孙辈知昔人有平泉庄,一本一石,子孙不得与人,亦必知先人三百印斋之石印三百,亦愿子孙不得一印与人也。甲戌冬,白石山翁齐璜自序",该谱收印198方,北京翰海拍卖有限公司1996年春季拍卖会曾见此本。

二、所见载齐白石印谱版本

1.《齐濒生印稿》一册,时间为1890年,载王徽《二百年湖南印学简表》。

2.《寄园印存》四册,时间为1899年,载王徽《二百年湖南印学简表》。

3.《白石印草》一册,1904年辑,载《白石老人自述》:"我在夏间,曾把我所刻的印章拓本呈给湘绮师评阅,并请他做篇序文。就在那天晚上,湘绮师把做成的序文给了我。"

4.《白石草衣金石刻画》,辑于1904年,载王徽《二百年湖南印学简表》。

5.《白石草衣金石刻画》三册,拓于1909年,载王徽《二百年湖南印学简表》。

6.《白石印草》,1919年姚石倩拓本。

7.《白石印集》,1919至1920年间张伯任拓集。

8.《白石印草》五册,1921年辑,载王徽《二百年湖南印学简表》。

9.《白石印草》1928 年 10 月刊，有白石自序，同时有 1904 年王闿运为白石所作序。

10.《白石印草》二册，李立藏本，白石自签，1928 年至 1931 年拓成，有白石墨迹："戊辰印草之余，宝姨得之，只成三部，老夫白石记"。"辛未秋九月中，宝珠属拓近刻之石，老夫白石。"是拓给宝姨收藏的，内页还有印跋多处。是良已赠与李立的，有齐良已跋云："此二本乃先子昔年刊印，数年离乱，幸未成秦灰，赠李立贤侄留念，白石五子良已"。

11.《白石印草》四册，1933 拓存，是谱为白石先生的重制本。内收先生治印 200 方。

12.《白石先生印草》一册，白石自签，高 29.5cm 宽 13cm，粗线版框，左下角印有"白石山翁刊印"字样，谱页 50 页，收印 50 方，一页一印，今藏香港松荫轩。

13.《梅花草堂白石印存》一册，收印 60 方辑于 1946 年，朱屺瞻辑，有白石序附之刊行。

14.《白石老人印存》六册，高 27.5 厘米，宽 16 厘米，锌版印刷，每册 40 页，一页一印或一页一款。

15.《齐白石印谱》二册，见于 2013 年嘉德成立 20 周年春季拍卖会，《齐白石刻印章四件及自用印谱》罗随祖先生专为此作文《一组重要的齐白石篆刻资料》对此印谱作了专门介绍。

16.《白石印草》四册，乃 1924 年齐白石为雪庵拓存本，有白石老人签："白石印草，雪庵上人属拓，甲子秋，白石题"函套为学生周铁衡题："白石印草，铁衡挥汗敬题。"见之于 2016 年 6 月 8 日北京匡时国际拍卖有限公司十周年春季拍卖会。

17.《白石印草》二册，无版框，白石题识：宝珠如妇笑存，己巳六月老夫与之。钤"老白"，十分珍贵。上海鸿海商品拍卖有限公司 2010 年春季艺术品拍卖会曾见此本。

18.《白石印草》齐良已签并拓，李立藏本，拓齐白石父子用印而成，有良已跋文："立兄善画印，丁酉秋来京华，集家君昔年所刊父子用章数十方……"

19.《白石翁印谱》四册，1934 年拓存，无版框，有印刷体白石自序，收印 198 方，北京翰海拍卖有限公司 1996 年春季拍卖会曾见此本。

20.《白石老人印谱》一册，湖南省博物馆藏印拓存。

21.《萍翁印存》一册，明斋藏。

22.《齐白石作品集》全三册，第二册出版为书法篆刻，印谱 108 页，书法 43 页，人民美术出版社出版，1963 年。

23.《齐白石印存》钩摹本，黄养辉题签，鲍传铎钩摹。

24.《齐白石篆刻自藏印·海外遗珠》，张寿平辑，淑馨出版社。

25.《白石印谱》，陈凡辑，香港上海书局印行，1965 年。

26.《齐白石为当代名人治印集》一册本，四子齐良迟签，是谱内收齐白石为蒋中正、钱玄同、张伯驹、吴佩孚、张学良、曹锟、周作人、萧淑芳、梁启超等各界名人治印三十方。每页一印，上为钤印，下为墨拓，兼拓边款，用白石老人木版水印笺纸。

27.《齐白石》，日本二玄社出版，小林斗庵编。

28.《齐白石印存》一函二册，是谱汇辑多种齐白石印谱，收印三百方，每叶一印，附释文，囊括了齐白石不同时期的篆印风格。前刊严一萍序，台静农签，并录王闿运旧序一则、齐白石旧序二则。

29.《先君子三百石印存》，齐良迟先生所辑，钤印三百二十六方，是齐良迟先生家传的白石老人印存，裱装册页本，分三册。

30.《中国篆刻丛刊·近代齐白石》，日本二玄社出品，有白石简介。

31.《白石篆刻》一册，北京汉石艺术研究会出品，高 25 厘米，宽 13 厘米，收印 59 方。

32.《朱屺瞻先生藏白石原石精拓》，朱屺瞻去世后荣宝斋将这一批印章钤拓成集以纪念两位艺术大师的交谊。此为原石原拓，荣宝斋专用印谱纸，传拓仅五十套，十分珍贵。

33.《齐白石篆刻作品集》，戴山青编，广西美术出版社出版。

34.《齐白石全集》，何恭上编，艺术图书公司 1973 年出品。

35.《齐白石诗文画篆刻集》，1975 年由河洛出版社出版。

36.《白石印谱》，上海书局 1975 年出版。

37.《白石印草》，1976 年由台湾笛滕出版社出版。

38.《白石山翁印存》，宏图出版社 1976 年出版。

39.《香雪庄藏印》一册，为香雪庄收藏齐白石印章之专集，前有陈之初先生题签及陈之初先生绘"齐白石先生像"一帧。此册为陈之初先生毛笔签赠本："壮为先生惠存，弟陈之初敬赠。"钤印："香雪庄主"。香雪庄为新加坡"胡椒大王"陈之初先生的书斋名。今藏香港松荫轩，高 31 厘米，宽 16.5 厘米，谱页 48，收印 48 方，一页一印，有褚石色粗线版框，开口处有楷体"香雪庄藏印"字样。

40.《齐白石双谱》，杨广泰、刘焯编，集古斋有限公司出版。

41.《齐白石为梅花草堂所作印存》，1979 年拓制，关良签，吴子建辑拓。

42.《齐白石印集》一册，1981 年朵云轩据所藏齐白石的四十五方印刊成，沙孟海题签，王个簃作扉页，朱屺瞻序文。

43.《齐白石诗文篆刻集》，台湾宏业书局 1983 年出版。

44.《齐白石印谱》一册，白石自签，1986 年由首都博物馆出版，有前言，编者匋溪。

45.《齐白石印影》，戴山青编，荣宝斋出版社出版。

46.《齐白石印举》，李文骏编，上海书画出版社 2014 年出版。

47.《齐白石印汇》，巴蜀书社 1988 年出版。

48.《齐白石印集》，从 1988 年第一函出版到 1990 年第十函发行，这套印谱共十函，每函两册，共 20 册。收印 1100 方。由北京图书馆金石组编辑，与以前的同类印谱相比，这样的盛况，谓之空前绝后也不为过了。

49.《齐白石书画用印谱》，作者邢捷天津古籍出版社 1994 年出版。

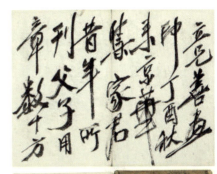

50.《齐白石印谱》，北京市文物商店 1990 年出版。

51.《白石遗朱》，聚石楼藏印，王文甫编，1994 年由上海人民美术出版社出版。

52.《白石老人印存》，1996 年由上海古籍书店出版，钤本，有版框，开口处有金文"白石老人印存"字样。

53.《齐白石印集》，陈奇峰编，1996 年由香港翰墨轩出版有限公司出品。

54.《齐白石篆刻集》，1997 年由人民美术出版社出版。

55.《齐白石篆刻集》，张荫培，1997 年由人民美术出版社出版。

56.《近代篆刻名家精品集·齐白石》，1998 年由北京工艺美术出版社出版。

57.《齐白石印谱》，1999 年，由湖南美术出版社出版。

58.《梅花草堂白石印存》，陈燮君主编，2001 由年上海书店出版社出版。

59.《齐白石印谱》一册，湖南美术出版社 2002 年出版。

60.《齐白石·潘天寿·傅抱石印鉴举要》，2005 年由上海书画出版社出版。

61.《齐白石常用印款》，2006 年由西泠印社出版社出版，作者江吟。

62.《陈之初香雪庄珍藏·齐白石印章》，新加坡亚洲文明博物馆 2006 年出版。

63.《齐白石常用印款》，2006 年由西泠印社出版社出版，作者是江吟。

64.《齐白石印谱》，2007年11月由上海书画出版社出版。

65.《吴昌硕·齐白石印谱》，许海山主编，2007年由中国戏剧出版社出版。

66.《齐白石书画篆刻精品集》，尹斌编，2008年由文物出版社出版。

67.《石墨因缘·北堂藏齐白石篆刻原印集珍》，孙炜编，2010年上海人民美术出版社出版。

68.《齐白石三百石印》，李可染签，北京画院藏，杨柳青画社出版，2010年拓制。

69.《朱朱白白·北堂旧藏齐白石印集》，2010年由上海书画出版社出版。

70.《齐白石、丁二仲、经亨颐、简经纶、来楚生印风》，2011年由重庆出版社出版。

71.《齐白石三百在印朱迹》，北京画院编辑，广西美术出版社2012年出版。

72.《齐白石全集·篆刻》，郎绍君著，郭天民编，湖南美术出版社2012年出版。

73.《中国印谱全书·齐白石印集》，人民美术出版社2012年出版。

74.《中国印谱全书·白石山翁印谱》，人民美术出版社2012年出版。

75.《齐白石篆刻精选》，江苏凤凰美术出版社2015年10月出版。

76.《朵云轩名家翰墨·齐白石印存》，上海书画出版社2017年出版。

77.《石开品读·白石印草》，2016年由荣宝斋出版社出版。

78.《白石印谱》二册，陈凡辑，上海书局2017年出版。

79.《齐白石为日本人士治印集》一册，曾见日本关西美术竞卖株式会社2015年秋季中国艺术品拊卖会。

80.《白石墨韵——齐白石书画篆刻集》，湖南省博物馆，澳门艺术博物馆1998年出版。

81.《白石印草》，中华书局出版。

三、齐白石印章去向

1933年，齐白石在其《白石印草》序中云："余五十五岁后居京华，所刻之石，约三千余方。"到1957年白石老人去世前这二十多年，估计白石老人刻印不下4000方，当然这些印章除白石老人自存的"三百石"和自用印及为子孙所刻外，其他都为他人所刻，基本已各散四方。特别是经历战火和"文革"两场劫难后，现能知道下落的只有不到一半了。在目前出版的所有齐白石印谱中，搜罗最全的应该是2012年由郎绍君、郭天民主编，湖南美术出版社出版的《齐白石全集》中的篆刻集，收印拓达1850方。而原拓印谱最全面的要数1988年，由北京图书馆金石组编辑《齐白石印集》，收印1100方。手拓线装，绫面函套，笺印合一，十分漂亮。当时发行量极少，国内外仅出版三百部，装帧精美，触手如新。本书从1988年第一函出版到1990年第十函发行，这套印谱以十函，每函两册，共20册。与以前的同类印谱相比，这样的盛况，谓之空前绝后也不为过了。是新中国成立后最具收藏价值的十大出版物之一。也就是说这套印谱所拓存的原印还遗存在，且大多藏于各大博物馆。

所藏最多最好的乃齐白石家属于一九五七年捐赠给北京画院齐白石"三百石印"印章。这批印章的印蜕已多见于各种版本的印谱中，一九八八年由天津杨柳青画社出版了《齐白石三百石印印谱》。这部印谱为线装，计十册，版口有"齐白石三百石印"字样。其中有四方非齐白石印作混入，其一为陈半丁为齐白石所刻"齐白石"（白文）一方。其二为长沙李立临仿齐白石的"古潭州人"白文印一方。其三，这批印章中仅有的一方象牙印"齐白石"朱文，亦被收入谱中。从谱名看，所收皆石印，那么这方象牙印也就变成了石印。而此象牙印侧款刻"有此为友人刊，"因知此印非齐白石所作。其四为"加我二年成百寿"白文印，当年卢光照鉴定为他人之作，存疑。北京画院的这三百方藏印，其中有一方六面印，两方五面印，一方四面印，一方三面印，七方两面印（包括一方连珠印），故三百方印实存有三百二十五方印作。然后是2000年6月由朱屺瞻夫人及子女捐给上海博物馆的《梅花草堂白石印存》原石68方，这批篆刻作品石材优良，纽式精美，大部分乃白石老人在20世纪30年代中期至40年代前期的经典作品，上海博物馆还藏有齐白石为胡鄂公所刻13方及杨度用印数方，见孔品屏《从上海博物馆藏印看齐白石与胡鄂公的交往》。四川博物院藏齐白石印15方，成都博物馆藏齐白石印15方，见刘振宇、成吟《四川博物院藏齐白石篆刻作品初探》。

四川省内江市东兴区文管所藏齐白石印 12 方,见刘振宇、余乃谦《齐白石刻崔子玉座右铭组印初探》一文。上海朵云轩藏齐白石印章 50 余方,1981 年朵云轩据所藏齐白石的印刊成《齐白石印集》一册,沙孟海题签,王个簃作扉页,朱屺瞻序文。湖南省博物馆藏齐白石印近 76 方。余曾见当年黎泽秦为湖南省博物馆整理鉴定齐白石藏品所拓《萍翁印存》一册,有印 73 方,至今该馆藏齐白石印有 76 方,我曾打电话给该馆研究员刘刚核实,估计后来又收入了几方。还有一部分私人收藏,最多的为上海收藏家王文甫,收有齐白石印章 500 余方,该批印章有一部分是齐白石上世纪 20 年代初至 40 年代末为上海巨贾陆质雅所作。20 世纪 70 年代后,这批印章大部分归于上海著名绘画大师之后、现居美国的王氏所有。王氏因此称自己的书斋为"聚石楼"。上海人民美术出版社特将这批印章中的精品结集出版为《白石遗朱——聚石楼藏印》。并说这批印章创作于齐白石艺术的成熟时期,材质为鸡血、昌化、寿山、青田,有很多作品还是陆质雅命题索刻,都是白石难得一见的作品,为研究和学习齐白石篆刻增添了十分宝贵的资料。虽也有学者对这批印章质疑,但罗随祖先生编《齐白石全集》时已将它们悉数收入。另白石后人及弟子刘淑度、周铁衡等后辈手上,都藏有几方或几十方白石篆刻不等。还有如湘潭齐白石纪念馆所藏的几方,因数量太少就不作赘述了。

结束语:齐白石先生融诗、书、画、印于一身,且都成果丰硕,尤以篆刻最著,以其独特的"齐派"面目跻身民国四大流派,从艺时间也长,留下的作品相对比较多,各种书画篆刻集版本名目繁多,因笔者手头资料有限,遗漏错误之处难免,敬请方家读者批评指正。

作者简介

李砺,字古石,别署陶庐,且堂,现为中国书法家协会会员、湖南省书法家协会理事兼篆书委员会副主任,长沙市书法家协会副主席,出版有《中国篆刻百家·李砺卷》《李砺肖形印谱》《李砺心经印谱》《中国当代篆刻家——李砺篆刻集》《与佛有缘·李砺佛像印选》等,著有《湖湘篆刻》《陶庐印谈》《湖南印人传》。

由齐白石 "印见丁黄始入门" 引发的几点思考

萧建民

【内容摘要】"西泠八家"作为清代一支重要的篆刻流派，在印学上高举复古大旗并付之创作实践，对后世篆刻艺术的推进意义深远。而"丁黄"两家又是"西泠八家"的创始者、领军人。赵之谦、吴昌硕、黄牧甫、齐白石等当时众多印人无不追摹"西泠八家"。本文以齐白石提出"印见丁黄始入门"为切入点，阐述"丁黄"两家对后世印坛的贡献。

【关键词】齐白石、丁敬、黄易、赵之谦、印学

一、"丁黄"两家学术地位和艺术价值的史料挖掘

"西泠八家"始于丁敬，止于钱松，历经数朝，交游的跨度达 150 余年，涉及的人脉之广，千丝万缕，错综复杂。"西泠八家"学术上传承了清代乾嘉时期金石考证学成果，带动乾嘉时期及后世大批印人投身其中，在印学艺术道路上探索实践，一洗元明篆刻纤弱、方正、平板、对称、光滑、毫无生机的习气，首创切刀法，行刀迟涩，笔画起伏曲折。立体地再现汉印厚重苍拙的风格，新风扑拂，震撼了整个印坛，成为后世印学领域一个绕不过的话题。

当我们重新释读齐白石 "印见丁黄始入门"背后真实的涵义时，不由自主地引发了对 "丁黄"两家的理论研究的重新定位。当代对"丁黄"两家的理论

研究止步于印学领域，忽略了"丁黄"两家在金石考证学上的贡献，以及三百年来对后世印坛发展的推动力，（详考见论者拙作《西泠八家交游考》），本文仅对"丁黄"两家金石考证学上的成果做个简略的概述。

丁敬（1695 — 1765），字敬身，号纯丁。自小家贫，佐父卖酒为业。乾隆元年（1736），以"博学鸿词"荐举应试，坚辞不就，以书画治印自娱一生，著有《砚林诗集四卷》《砚林集拾遗》《砚林集续拾遗》《武林金石志十卷》等集。

后人丁传在《武林金石记》跋中详述丁敬一生考古访碑的过程：

> 城内隐君丁敬敬身氏，某所师事，博学嗜古。朋侪交让，芒鞋策杖。凌厉幽邃，访求唐宋以来金石刻文大小凡三百通，亲率徒役，伸纸渍墨，轻摹响拓，更欲作考，以征放轶，并道其频年勤苦之状，惜未暇也。

又云：

> 又乌知隐君之获此名迹，固非寻常涉猎所能卒致也。当其风雨寒暑之弗避，蛇虎肆毒之弗畏，饥则餐霞，倦则憩石，晨出酉入，遂遘痎疟。自言曾经某地，遇镌凿隐隐可辨处，鼓勇即之，返则取径甚微，浮土□□有声，左右悬崖绝壁，设一蹉跌，下临无地偃伏，移时发坚股栗，有樵子导，从迂路始还，人皆以昌黎登华山事拟之，盖濒于危者屡矣！而终不因之或悔也。

丁敬开创了"西泠八家"金石考证学的先河。黄易得丁敬指授，紧追其后。

黄易（1744 — 1802），字大易，号小松。早年家贫，改习刑名之学，官山东兖州府同知期间，访碑考证尤勤，精鉴汉魏碑刻，足迹分布地域，以河南为中心，北至河北，南至湖南，东抵江苏，西达新疆，重点则在山东。可与现在考古界定义"九个小区"的理论概念一一对应。山东是汉魏碑刻最为集中的地区，也是构成黄易鉴藏的主体与核心，特别是黄易武梁祠堂画像的考古发现，以及《得碑十二图》《访古纪游图》《岱麓访碑图》《嵩洛访碑图》等图的绘制，奠定了黄易现代考古学凡例的先河。至今沿用。著有《小蓬莱阁金石文字》《小蓬莱金石目》《秋盒词草》《嵩洛访碑日记》《岱岩访古日记》等数十种文集行世。

　　黄易 7 岁丧父, 父亲黄树谷与金农有交, 金农是丁敬贴邻。黄易 19 岁时, 经启蒙老师何琪引荐, 拜丁敬为师。

　　《光绪杭州府志》载:

　　　　钝丁尝见其少作, 喜曰: 他日传龙泓而起者, 小松也。

　　乾嘉学派最后重镇、封疆大臣阮元在出版的各类文献中多次赞誉黄易金石考证学上的成就:

　　　　钱塘黄小松易, 为贞父先生后人, 任兖州运河司马, 书画篆隶为近人所不及, 收金石刻至三千余种, 多宋拓旧本, 钟鼎彝器钱镜之属不下数百。予每过任城, 必留连竟日, 不忍去。小松尝自作《得碑二十四图》及《嵩洛泰岱访碑图》, 以秀逸笔传邃古之情, 得未曾有尊人松石先生与张得天司寇为莫逆交, 张书间出其手, 人莫能辨, 尤工小篆、八分, 得者珍如球璧。母梁夫人, 工词翰六法, 诗卷尤富, 其已刻者有集《唐梅花百咏》。金寿门题曰: "字字香" 小松书画之学有自来矣。

　　　　小松为丁敬身先生高弟, 篆隶铁笔实有过蓝之誉, 尝谓刻印之法当以汉人为宗, 萃金石刻之精华以佐其结构, 不求生动而自然生动矣, 又谓小心落墨, 大胆奏刀二语, 可为刻印三昧, 生平不轻为人作, 虽至交亦不过得其一二石, 作者难识亦匪易, 故当推为海内第一。

　　《山左金石志》序云:

　　　　乾隆五十八年秋, 奉命视学山左, 首谒阙里, 观乾隆钦颁周器及鼎币戈尺诸古金, 又摩挲两汉石刻, 移亭长府门卒二石。人于夔相圃次登泰岱, 观唐摩崖碑, 得从臣衔名及宋赵德甫诸题名, 次过济宁学观时, 戟门诸碑及黄小松司马易所得汉祠石象归, 而始有勒成一书之志。五十九年, 毕秋帆先生奉命巡抚山东, 先是先生巡陕西、河南时会修关中、中州金石二志。元欲以山左之志属之先生。先生曰: "吾老矣, 且政繁, 精力不及。此愿学使者为之也。" 元曰: "诺。" 先生遂检关中、中州二志付元, 且为商定条例暨搜访诸事。

与此同时，阮元为钱塘另一位金石收藏家何元锡立传时，也点了黄易的名，认为山左一省的金石考证成果，黄易、何元锡为最，山左碑版半为二君所搜得。

> 钱塘何梦华元锡博洽，工诗文，尤嗜金石，藏弆最富。年逾弱冠，交游遍海内与黄小松司马同乡，尤深金石之契。山左碑版半为二君所搜得，最后于孔林外得永寿残碑，又于史晨碑下截得数十字及鲁相碑阴、竹叶碑正面，皆旧拓所未见者。小松为作二图纪之。钱竹汀宫詹、翁覃溪阁学皆有诗。

除钱大昕、翁方纲外，乾隆时期的其他金石家也曾对黄易有过评述，如王昶《蒲褐山房诗话》云：

> 官济宁，凡嘉祥、金乡、鱼台间汉碑，悉搜而出之。而武氏祠堂画像尤多，所见汉石经及范式、三公山诸碑，皆双钩以行于世。又工填词，官虽不达，亦为名流所重。

随着毕沅《关中金石志》《中州金石志》，翁方纲《两汉金石记》，王昶《金石萃编》，孙星衍《寰宇访碑录》，阮元《山左金石志》《两浙金石志》等大量文献相继问世。特别是阮元率先提出了《南北书派论》、《北碑南帖论》，以及嘉道年间的包世臣所著《艺舟双楫》进一步提出了尊碑的主张，盛赞碑学书家，并为碑学书法的发展提供了理论支柱，使得清后期呈现出碑学对帖学的取代过程，一改受功利色彩的引诱，朝野上下仿董、赵成风的习俗，艺术风格呈现多元化的趋势。文献中大量的秦汉、六朝、唐代的碑碣、墓志、金石、铭刻等拓本，为书家、学者提供了丰富的研究参考资料，使得他们从这些书法原迹中溯流寻源。从秦篆、汉隶、魏楷、唐楷中汲取养分，书法由衰转盛，刚劲雄强、气度恢宏的书风重新展现出璀璨前景。尤其是清代篆隶的先行复兴，人才辈出，成就了书法家们的历史性使命，经过他们充分的选择和尽情地拓展，或篆，或隶，或篆隶合一，融会变通，渗入金石书迹里所特有的模糊意味，加入刀痕、铸迹，跌宕奇崛，自成一格，反映出其内在的精神面貌，成绩斐然。

理论指导实践，在丰富的金石碑版资料的推动下，"丁黄"两家首创以篆刻理论刻入边款的先河，见解犀利，字字珠玑。如：

古人篆刻思离群，舒卷浑同岭上云。看到六朝唐宋妙，何曾墨守汉家文？

说的就是"师法古"。

秦印奇古，汉印尔雅，后人不能作，由其神流韵闲，不可捉摸也。

首创切刀治印，再现汉印之浑厚雄强。意多于法，"开千五百年之奇秘"，"丁黄"两家的新风新貌，得到了乾嘉学派同仁普遍认同，如同打开了潘多拉魔盒，后世印坛视野从此洞开。

二、后世印坛对"丁黄"两家印风的追捧

"丁黄"两家之后，首推赵之谦。赵之谦篆刻初学"西泠八家"之一的陈鸿寿，后改学皖派印风，以邓石如、吴让之小篆入印，并综合了浙皖两派之长，率先提出"丁黄"两家在浙派中不可撼动的地位。

赵之谦在《杭四家印稿》序云：

杭人摹印称四家，丁、黄为正宗，蒋逸品，奚则心手不相应，其实可称者，止三家耳。秋堂更弱，曼生乃一变而为放荡破碎，举国若狂，诧为奇妙。吾家次闲出，变本加厉，俗工万辈效尤以觅食，而古法绝矣。魏子论印学，贬次闲而讳曼生，余少学曼生，久而知其非也，则尽弃之。论印学，退之恐误，来学贬之。

另外，"丁黄"两家考古访碑的经历，对赵之谦来说等同于现身说法，大量的诏版、汉镜文、钱币文、瓦当文、封泥等金石文字的面世，邓石如的"印从书出"观，极大地开拓了赵之谦选择的视野，启发了赵之谦"印外求印"的篆刻思想，将"丁黄"两家考证的最新成果直接用于篆刻的创作当中，尝试用多种书体入印，章法上倡导计白当黑，疏能行马，密不透风，并创阳文边款，丰富了边款的形式，构建章法多变，意境清新的独特风貌。

叶铭在《赵㧑叔印谱》序中精细分析了赵之谦的篆刻创作方法，将其"印外求印"说得更加明白透理：

善刻印者，印中求印，尤必印外求印，印中求印者，出入秦汉，

绳趋轨步，一笔一字，胥有来历。印外求印者，用闳取精，引申触类，神明变化，不可方物……

吾乡先辈悲庵先生，资禀颖异，博学多能，其刻印以汉碑结构融会于胸中，又以古币、古镜、古砖文参错用之，回翔纵恣，唯变所适，诚能印外求印矣。

如"朱志复字子泽之印信"款：

生向指《天发神谶碑》，问摹印家能奇胎者几，未之千也。作此稍用其意，实《禅国山碑》法也。

"丁文蔚"印款：

茶陵谭氏赐书楼世藏图籍金石文字印

河南山东河道总督之章

蓝叔临别之属，冷君记，颇似《吴纪功碑》。

《天发神谶碑》又名《吴纪功碑》，赵之谦将"以书入印"的启示心得，继承了"丁黄"两家的优良传统，刻在印章的边款上，使其篆刻思想一目了然，有据可考，为后人留下了宝贵的理论依据。

续者吴昌硕，黄牧甫，篆刻以"浙派"入手，两人也师承过邓石如、吴让之、赵之谦等人，吴昌硕后专攻汉印，印篆饶有笔意，刀融于笔，表现出雄而媚、拙而朴、丑而美、古而今、变而正等特点。上取鼎彝，下挹秦汉，创造性地以"出锋钝角"的刻刀，切、冲两种刀法结合治印。故篆刻作品，能在秀丽处显苍劲，流畅处见厚朴功力。黄牧甫则遍学各家，入而能出，不为明清流派所束缚，将几百年来以烂铜印作为拟汉的唯一标准展开变革。创造寓险绝于平正，峭拔而雄深的风格，把汉印原来的面目重现于独创的冲刀之下，为后代寻索传统的玺印艺术，指出了坦阔的途径。

最后，回到齐白石身上，不妨回顾一下齐白石篆刻的求索之路。

光绪二十二年（1896），齐白石时年34岁，在黎松庵的指导下，始学"丁黄"两家印风。次年，黎薇荪从四川寄赠"丁黄"两家印谱，于是，齐白石对"丁黄"两家精密的刀法，就有了途轨可循。黎戬斋曾作《记白石翁》一文，记载这段历史：

家大人（黎薇荪）自蜀检寄西泠六家中之丁龙泓、黄小松两派印影与翁摹之，翁刀法因素娴操运，特为矫健，非寻常人能所企及，……翁之刻印，自胎息黎氏，从"丁黄"正轨脱出。初主疏密，后私淑赵㧑叔，犹有奇气，晚则轶乎规矩之外。

摹仿"丁黄"两家久了，齐白石治印逐渐有了心得：

刻印，其篆法别有天趣胜人者，唯秦汉人。秦汉人有过人处在不蠢，胆敢独造，故能超出千古。余刻印不拘古人绳墨，而时俗以为无所本，余尝哀时人之蠢，不思秦汉人，人子也，吾亦人子也，不思吾有独到处，如今昔人见之，亦必钦仰。

光绪三十四年（1910），齐白石48岁，摹赵之谦，心追神往，亦步亦趋。齐白石《双钩二金蝶堂印谱》序云：

前朝庚戌冬，小住长沙，于茶陵谭大武斋中获观《二金蝶堂印谱》，余以墨钩其最心佩者，越明年，此原谱黎薇荪借来皋山，余转借归借山馆，以朱钩之，观者莫辨原拓钩填也。且刊一印，其文曰"㧑印谱频生双钩填朱之记"。迄今九年以来，重游京师，于厂肆所见㧑叔印谱皆为伪本。今夏六月，沪江吕习恒以《二金蝶堂印谱》与观，亦系真本，其印增减与谭大武所藏之本各不同只有二三印而已。余令侍余游者楚仲华以填朱法钩之，又借《二金蝶堂印剩》，择其圆折笔划者亦钩之，合为一本，其印之篆法之精微失之全无矣。白石后人欲师其法，只可于章法篆法摹仿，不可以笔画求之，善学者不待余言。

赵之谦的单刀直切法，点醒了齐白石创作灵感，而赵之谦的篆刻艺术比起"丁黄"两家来说，不但取材广泛，形式生动，篆法有笔有墨，风神跌宕。

刻印者能变化而成大家，得天趣之浑成，别开蹊径，而不失古碑之刻法，从来唯有赵㧑叔一人。

于是，齐白石将《天发神谶碑》笔意加入印中，强调章法的疏密关系，空间分割大起大落，治印采用单刀直入，大刀阔斧，痛快淋漓。尔后，佐以《祀三公山碑》篆法，加上秦权、汉急就章纵横平直表现手段，无一笔，无来历。齐白石根据自身的创作需求，不是全盘地抛弃"丁黄"两家，还大胆地将"丁黄"两家金石考证学上的成果与赵之谦的理论实践有机地结合起来。

"不拘古人绳墨，而时俗以为无所本"。与黄易的印学观"探讨篆隶之原委"，重回三代之源，不谋而合。在用刀方面，齐白石接收了黄易提出的"小心落墨，大胆奏刀，细心修饰"的印论，改切为冲，细微处冲切结合。篆法上，直接把黄易河北访碑考证的成果吸收进来，融入一炉。

> 乾隆三十九年（1774），黄易始得《祀三公山碑》，碑原在直隶元氏县野中，黄易谋于县令王治岐，移置县城龙化寺。

齐派风格日渐明朗起来。后来齐白石在回忆一段往事时，赋诗云：

> 谁云春梦了无痕，印见丁黄始入门。今日羡君赢一著，儿为博士父诗人。

当然，"丁黄"两家对后世印坛的推动力，受其影响的印人数不胜数，不会止步于这四大家，限于本文篇幅，此不一一举例。

三、释读齐白石"印见丁黄始入门"诗句背后的内涵

综观近现代篆刻四大家师承渊源，均从浙派入手，都师承过赵之谦，相同的求学经历，却走出迥然不同的艺术风格，达到殊途同归的效果，比较四者之间作品微妙区别，则意味深长。

附四大家早期浙派风格作品

姓名	印拓	释文
赵之谦		铁面铁头铁如意 会稽赵之谦三印信
		金蝶投怀
赵之谦		嘉禾老农
吴昌硕		俛青
黄牧甫		不增不减

齐白石		也应惊问近来多少华发
		茶陵谭氏赐楼世藏图籍金石文字印
齐白石		杨通收藏金石书画印
		我生无田食破砚
		曾緫均

附四大家成熟风格作品

姓名	印拓	释文
赵之谦		胡澍之印
		二金蝶堂
吴昌硕		破荷亭
		仓硕
黄牧甫		王雪岑读画记
		克明长寿

齐白石		悔乌堂
		白石翁

通过四大家早期作品与成熟时期的作品对比，一目了然可确定"丁黄"两家在近现代印坛上的历史地位和学术价值，同时，又引发论者对"丁黄"两家新的思考。浙派以"丁黄"两家为主线，以深厚的学术魅力倡导后辈，使得乾嘉以后大批印人艺术追求上的近似，审美趣味上的浑同，止步于复古汉印阶段，造成印坛傲岸独行的个性，超然物外的审美意趣不足，四大家看到了这一点，也避开这一点。所以，齐白石"印见丁黄始入门"之句，既是学印初始的自白，也是齐白石站在近现代印坛历史的高度对印坛发展总结性概论。"丁黄"两家是整个印坛的叩门砖、试金石，是印坛绕不过又必须绕过的坎，齐白石诗句耐人寻味，意趣深长，对后世更具有现实指导意义。

作者简介

萧建民，字九麟，号梦石。中国书法家协会会员，湖南省书法家协会理论创作委员会委员，陈曼生纪念馆研究会会长。

放胆行去，大道纵横

——论齐白石篆刻单刀法的艺术价值

敖 晋

【内容摘要】齐白石是晚清民国乃至近现代中国艺坛最具影响力的书画篆刻家，他将自古沿袭下来的单刀法发挥到极致，形成独具风格的齐派篆刻。本文试以篆刻单刀法的滥觞和演进为切入点，溯其源、探其径，阐述齐白石篆刻单刀法风格化的成功必然。

【关键词】单刀法 滥觞 演进 齐白石

一、单刀法溯源及晚清时风概说

中国篆刻艺术历史悠久，流派纷呈，刀法繁多。清姚晏云："一面侧入石，谓之单入刀。"陶文、甲骨、金文、碑刻以及汉将军章的单刀意趣，皆给人以缅邈刀声的艺术享受。唐宋以降，中国印章艺术进入书斋，迈入文人篆刻时代。对于单刀法，前人多有论述，清代张在辛说："……急就而成斫印之遗意也。"高积厚曾说"务必胸有成形，一刀而成员健之笔……"林霔曰："每画只一刀，平正欹斜，仍其自然，故浑朴可观……"汪维堂云："……多凿为之……用力意急，则有骨力。"赵之谦所刻"丁文蔚"厚刃单刀入石，雄健猛利，神来之作，影响深远，或许成为齐白石印风萌发之先兆。吴昌硕所刊"缶无咎"、黄士陵所刊"阳湖许铺"皆有单刀法印作或有边款论及，连对单刀法有一些不在乎的竹刻名家张志鱼在时尚的驱使下也进行了尝试，可见其"振湘长寿"印款。

篆刻单刀法在晚清大家赵之谦、吴昌硕、黄士陵等的潜移推动下，渐成时代新锐，开启了注重篆刻个性表现与写意抒发的序幕。其时，单刀风靡，追者接踵而至，为齐白石发扬单刀刻印法进行了预期的铺垫，为其篆刻艺术的成功提供了契机。诸家印人因各种因素皆浅尝辄止，唯有齐白石以自身优势，以单刀法为契机，发挥到极致而形成了自己特色风格。

二、齐白石篆刻艺术形成的五个时期

齐白石（1864—1957）湖南湘潭人，二十世纪中国画艺术大师。擅"诗、书、画、印"四绝，于艺术上主张"妙在似与不似之间"，曾任中国美术家协会主席，荣获"中国人民杰出的艺术家"称号及世界和平理事会授予的国际和平奖金。身后被评为世界文化名人以及二十世纪中国十大书法家之一。

图1　金石癖

齐白石以传奇的一生，由一个乡村牧童、雕花木匠，历经磨砺，终于成为艺坛贤达。其于篆刻艺术的刻苦学习与孜孜追求，经历了荜路蓝缕到大彻大悟的艰辛跋涉，终成开宗立派一代宗师。下面试分期以析之。

（一）初学期（1894—1897）"磨石书堂水亦灾"

1894年齐白石以修脚刀试刻一印，自觉未入规矩，后从胡沁园学刻印。1896年与王仲言、黎松庵、黎鲸庵、黎铁庵、黎雨民游，讲求篆刻之学。早期所刻"金石癖"以切刀刊之，线条古涩，章法平正。（图1）"秋""兰"为齐氏刊连珠印，"秋"字，笔画从略，

图2　"秋""兰"连珠印（附边款）

图3　湘潭郭人漳世藏书籍金石字画之印

图4　一阕词人（附边款）

图5　视道如花

图6　陈师曾所藏金石拓本

加边框，以求饱满。"兰"（蘭）字四面笔画破边，作满白文布局。（图2）"长年"构图规正，刀法平稳。齐氏初学期师法明清篆刻及聂松岩，以平正规矩为求。

（二）继承期（1898—1909）"印见丁黄始入门"

1898年，齐白石得黎薇荪寄与丁、黄两家印谱，眼界顿开。此后刻意研摹，渐入堂奥。所刻"湘潭郭人漳世藏书籍金石字画之印"（图3）布局缜密，刀法劲健，深得丁黄法度。"哀窈窕思贤才"正锋单刀刻出，灵秀峻峭。此年间，多以摹秦汉印及师法丁黄印风。完成"五出五归"，交游日广，视野开阔。1903年齐白石临习魏碑，后长期临写《爨龙颜碑》，并从书法上寻求新的高度，功底日深。

（三）思变期（1910—1917）"与世相违我辈能"

1910年冬，齐白石在谭延闿家获观《二金蝶堂印谱》，心慕手追，此间刀法融汉印于赵之谦风格。"一阕词人"（图4）以单刀为主，猛利中见含蓄，亦有赵㧑叔韵致。"视道如花"（图5）以双刀刻出，且已有创新意识，并在寻找最佳表现的语言，用各种思路及不同手段进行尝试，是舍弃双刀法，走向全用单刀法之前的一个留念。

1917年6月，齐白石再游北京，鬻艺为生。与陈师曾结为知己，并受到吴昌硕的影响。所刻"陈师曾所藏金石拓本"（图6），构图严密，穿插错落，刀法健劲，始有个人思绪。边款单刀刻就，爽劲之至。

（四）衍变期（1918—1932）"昆刀截玉露泥痕"

1919年，齐白石自序双勾本《二金蝶堂印谱》，定居北京。继续汲取赵、吴二家营养。岁暮，获吴昌硕所拟定润格，引言云："齐山人濒生为湘绮高弟子……其书画墨韵孤秀磊落，兼善篆刻，得秦汉遗意……"1920年刻"木居士"（图7）笔画浑朴，平中寓奇，"木"字的横画，撇画、捺画作对角处理，有腾飞之势，堪称"印眼"。款云："此三字五刻五画，始得成章法，非绝世心手不能知此中艰苦，寻常人见之，必以余言自夸也。……"此段话，道出了齐白石为艺艰辛、砥砺前行以及锐意变革的决心。其间印论，旨在自我创新。"老夫也在皮毛类"（图8）刊于1924年，此印构图平稳，结字参差，笔画粗犷，刀法雄强，健劲挺拔。个人风格凸现。

1928年后，齐白石临习《三公山碑》、《天发神谶碑》，刀法由双刀变为单刀，刚健果敢。"见贤思齐"（图9）刻于1931年，笔画浑厚，刀法娴熟，多碑刻意趣。

（五）成熟期（1933—晚年）"老萍自有我家法"

1933年，至姚石倩行书手札云："……刻印能驾无闷而上之……"。先后作《白石

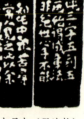

图7 木居木（附边款）

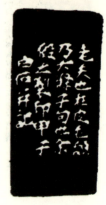

图8 老夫也在皮毛类（附边款）

图9 见贤思齐

图10 长白山农（附
边款）

图11 中国长沙湘潭
人也

图12 学工农

印草自序》（之二）、《癸酉秋自记印草》。齐白石1934年所刻"西山风日思君"布局参差，疏密怡然，刀法雄健之至。1934年冬，作《三百石印斋记事》。"长白山农"（图10）是齐1940年所刻，单刀直入，重在写意，参差错落，奇崛险绝。自刻籍贯印"中国长沙湘潭人也"（图11），以刀为笔，大刀阔斧，纵横驰骋、独来独往，形成恣肆开张、雄强伟岸的艺术语境。

晚年齐白石印艺，更是游刃有余，炉火纯青，常有经典之作，令人叹为观止。"一息尚存书要读""夺得天工""学工农"（图12）。

至此可以说，历史上的单刀法大抵是为实用而存在，而齐氏单刀法却地地道道地是与其艺术风格共存而垂范于后世。

三、齐白石篆刻单刀法风格化的创新理念及表现手法

（一）变革思想："放胆行去，大道纵横"

齐白石的篆刻艺术功力之深，较之于绘画有过之而无不及，苦学、励志、深研、图变、开宗、立派，抑或成为其一生艺术历程的代名词。他曾自跋印章云："予之刻印，少时即刻意古人篆法，然后即追求"刻"字之解义，不为"摹、作、削"三字所害，虚掷精神。人誉之，一笑；人骂之，一笑""余之刊印不能工，但脱离汉人窠臼而已"。学古不泥古，图新在于变。又批师生印语："余看古今刻印家无人不作削，非吾过言也。不做不

削者，自能钦佩，不以吾为妄耳。"此言表达了齐白石对篆刻艺术的批评继承观。他有诗云："篆刻如诗别有裁，削摹哪得好开怀。欹斜天趣非神使，醉后昆刀信手来。"更表达了齐白石图新励变、游骋印艺、自得其乐的浪漫主义情怀。1933年《白石老人自述》云："我的刻印，最早走的丁龙泓、黄小松一路，继得《二金蝶堂印谱》，乃专攻赵㧑叔的笔意，后见《天发神谶碑》，刀法一变；又见《三公山碑》，篆法也为之一变。最后喜秦权，纵横平直，一任自然，又一大变。"他主张"绝摹仿，恶整理"，植根传统，旁涉诸家。尤喜汉将军印和晋蛮夷印斜欹跌宕、荒率峭拔的形式特征，妙理新姿，出人意表。由此可见，齐氏阐述了齐氏个人篆刻艺术衍变的脉络和道路，最终开创了一个崭新的、具有独特风格的篆刻领域。

（二）创新精神："胆敢独造，超出千古"

"扫除凡格总难能，十载关门始变更。"齐白石以方正大气、酣畅率意的篆法；以奇崛险绝、大开大阖的章法；以雄强恣肆、痛快淋漓的刀法；开创了一种"三位一体"的个性鲜明、风格独特的新文人流派印风。齐白石篆刻单刀法的形成，也经过了一个漫长的风格完善过程；早期的"一刀一刀的削"到切刀法，中期的冲切结合，晚期的纯单刀冲刻法，都与他的篆刻风格嬗变息息相关。

"单刀绝妙"。1933年《白石老人自述》曾云："……刻印，一刀下去，决不回刀。我的刻法，纵横各一刀，只有两个方向，不同一般人所刻的，去一刀，回一刀，纵横来回各一刀，要有四个方向。篆刻高雅不高雅，刀法健全不健全，懂得刻印的人，自能看得明白……"此段话印证了齐白石"别有趣味在用刀"的创作思想。《自述》又云："我的刻印，比较有劲，等于写字有笔力，就在这一点。我常说，世间事贵痛快，何况篆刻是风雅事，岂是拖泥带水做得好的呢？"表达了齐白石"脱尽凡格，不见做作"的创作主张。

"昆刀截玉"。白石老人单刀法多用于其白文印，以刀锋斜角入石，刀锋所触的一面，石质被利刃划开，笔画劲直如弦，另一面则借刀的冲力，让石质自然剥脱，不再复刀，只有某些笔画的入刀处必要时补切一刀，避免过于尖削刻露而使刀味含混一些，由此呈现出"刚劲锋锐如利刃之新发于硎，斑斓剥蚀如鼎彝之埋千年"的艺术效果。胡龙龚在《齐白石传略》中对齐氏单刀法曾记述："刻时一面下刀，即所谓单刀法，……'如闻霹雳，挥刀有风声。'"由此可以窥见齐氏篆刻单刀法的胆识气度和艺术魅力。

"大匠之门"。杨钧《草堂之灵·论刻印》文曰："……白石刻印，其刀直下，长可一寸，深可半米（笔者注：米粒），石不坚硬，立时崩裂，风驰电掣，俄顷而成。石不转方，自左连切而极右，亦刻印之奇观也。"所观之处，顿见齐氏刀法的酣畅豪放、痛快淋漓。

四、齐白石篆刻单刀法的价值

齐白石以超乎常人的才华，以锲而不舍的精神，把古代的单刀法，演变成从偶然到必然，从无意到有意，真正做到了"以刀代笔，以意驱刀"，实现了篆刻写意印风的确立，把工匠生产式的单刀法，提升到文人书画家创作领域，为中国篆刻写意流派走向现代吹响了号角，确立了地位，具有划时代的意义。为现代篆刻艺术在创作方式、表现形式、表现手法上，走向个性化道路提供了成功的经验，树立了新的旗帜，并掀起了中国篆刻史上一场新的变革思潮。

齐白石认识到思变创新为艺术发展这一普遍规律，以其超人的智慧、敏锐的眼光、虔诚的秉性、执着的追求以及独特的技能，汲古融今，匠心独具，大胆实践，致化腐朽为神奇。将人们引以为时尚的"单刀""单锋"借木工锉刀功力相契合而发挥到极致，开拓了现代篆刻艺术的全新视野。他顺应了中国汉字从繁复走向简略的变迁和必然。以汉代缪篆文字为载体，方整（寓圆）为其符号基本造型，寓阳刚之气，易于辨识又书写便捷。直线线型以单刀法为实施工艺，更有利于表达畅怀率意、抒情遣兴、痛快淋漓的创作心态。

齐白石以书入印的篆书笔法与刻印单刀法融合为一，且互为递进。又参以绘画的构图与趣味，组合了庞大的书画印美学体系，给人们提供了丰富的审美内涵，特别他的闲文印，饱含诗情韵味，每臻绝唱，成为视觉艺术的标杆与典范。

齐白石遵循书法与文字之关系，沿着书法艺术向前发展的自身规律，而不是弃字从图，回归象形，为书法篆刻艺术创新发展做出了大胆的探索和成功的表率，且有无限的发展空间。齐白石的艺术实践说明了这一规律的不可逾越以及是一条切实可行的必由之路。他遵循章法成图、字法成书、刀法成印的前人篆刻创作美学思想，以单刀法为创作手段，以刀法表达自我审美意象，以意象铸就自我创新风格，充分诠释了"窥意象而运斤"的艺术创作观，从而达到了"游神之庭""思接千载"的审美意象和艺术境界。

（原载《中国书法 · 书学》2018 年第四期）

参考书目

1.《白石老人自述》，齐白石口述，张次溪笔录，岳麓书社 1986 年出版。

2.《齐白石印影》，戴山青编，荣宝斋出版社，1991 年出版。

3.《明清篆刻选》，上海书画出版社 1984 年出版。

4.《荣宝斋藏三家印选》，熊伯齐编，荣宝斋出版社，1990 年出版。

5.《吴昌硕印谱》上海书画出版社 1985 年出版。

6.《齐白石手批师生印集》，徐自强、张聪贵编，北京图书馆出版社 2000 年出版。

7. 黄惇，《中国印论类编》，荣宝斋出版社 2010 年出版。

8.《齐白石辞典》，敖普安、李季琨主编，中华书局，2004 年出版。

9. 湖湘文库（乙编），《湖湘篆刻》，李砺著，湖南美术出版社 2009 年出版。

10.《寄斯庵印痕》，张志鱼辑，上海书店 1988 年出版。

11.《齐白石谈艺录》，敖晋编，上海书画出版社 2016 年出版。

作者简介

敖晋，副研究员，毕业于湖南科技大学艺术学院。现为《全国教育丛书》编委、齐白石研究会理事、湖南省美术家协会会员、湖南省书法家协会会员、湘潭市书法家协会主席团委员、《齐白石先生年表》编撰、《中国书法名城》杂志编辑、《湖南书法年鉴》编辑。2016 年编《齐白石谈艺录》，由上海国画出版社出版。

取径高卓白石诗

刘剑桦

　　齐白石是中国美术史和世界美术史上的一个奇迹，他集诗书画印于一身，堪称"四绝"。这位通俗的艺术大师，高贵的大众巨匠，将中国传统精英艺术——士大夫文人画的方向扭转过来，史无前例地建艺术的象牙塔于草根民间，在寻常巷陌中筑起高华的艺术舞台，赢得了上自专家学者下至贩夫走卒的同声赞扬，在中外享有极高的美誉。他的画名远播，其书法篆刻，尤其是诗作，却是从画上才逐渐被人们认识的，而一旦认识，便凭借他的诗歌所彰显的特殊品质与姿彩，在人们心中耸立起一个作为诗歌巨擘的齐白石。

一、"通身蔬笋气"

　　齐白石之所以是齐白石，应归于他曾经是或者压根就是一个"乡巴佬"，按今天的话说，是一个勤劳朴实的老农。当他具备了足够的文化修养，成为一名艺坛巨子时，他也没有忘记自己是一位"湘上老农"。实际上，他是一位有修养的乡下人，或者说是一位来自乡间的文化人；是一位攀上了艺术高峰的农民，或者说是保持着农人本色的伟大的艺术家。在他那些精妙绝伦的艺术作品中，无不映照着他的乡心、童心和农人之心，这无疑都是其真心即本心的流露。他在 63 岁题画白菜时写道："余有友人尝谓曰：'吾欲画菜，苦不得君所画之似，何也？'

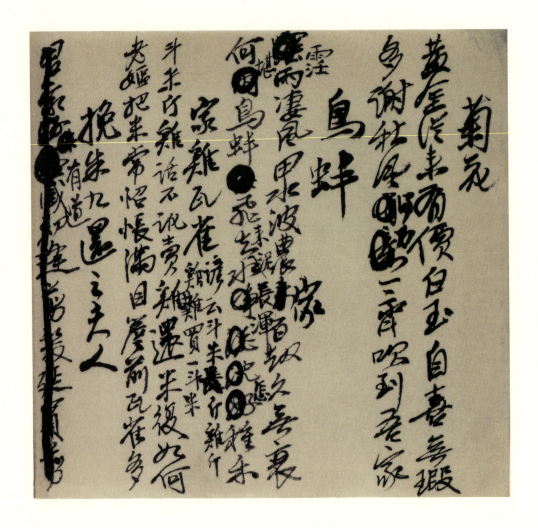

余曰：'通身无蔬笋气，但苦于欲似余，何能到。'"他常称自己"通身蔬笋气"，这就使他的诗歌，既有别于李绅等"悯农"、杨万里等"赏农"的态度，更异于陶渊明那种身在流水心在丘岗的"隐农"态度。

　　齐白石土生土长于湖南省湘潭县白石镇农村，来自野性生命力未泯、自然和人的和谐关系未受大破坏的山乡，比一般人更敏于花香鸟语和四时节令的变化，而性格的率真、阅历的丰富和宁静的创作心态，又赋予他敏于顿悟的特质和很特殊的想法，写出的诗歌便和他的画一样，总是响彻着一种世俗的、生意盎然的愉悦情调，于满眼乐趣之中透露着对劳动生活的挚爱和信赖，以及对农家风情的热

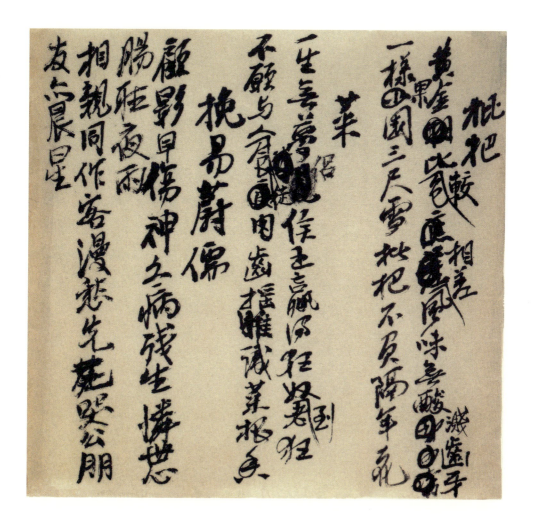

恋。读他的诗如读大自然的音籁一样，清新淳朴，高致高怀的情趣令人神思向往。他特别喜欢画白菜、萝卜、椒、芋、瓜、豆之类寻常乡蔬，喜欢画鸡、蛙、鱼、虾之类乡间小家伙，并时常题诗于画上，歌之咏之。他在画《白菜辣椒》时曾说："牡丹为花之王，荔枝为果之先，独不论白菜为菜之王，何也？"很有些不平之气。他在画白菜的题句中说："不是独夸根有为，须知此老是农夫。"这实际上也是对他本色的自我肯定。他终生以一个农人的姿态耕耘在艺术的田地里，爱恋有加，孜孜不倦。如他《题棉花图》诗句："花开天下暖，花落天下寒。"是他源于草根低处的一种悲悯情怀的抒发，精神世界的物化，不仅艺术升华了，诗意

也达到了新的境界。而在古人从未入画、他却反复表现的《柴耙》图中题诗："似爪不似龙与鹰,括枯爬烂七钱轻（白石自注：余少时买柴耙于东郊,七齿者需钱七文）。入山不取丝毫碧,过草如梳鬓发青。遍地松针衡岳路,半林枫叶麓山亭。儿童相聚常嬉戏,并欲争骑竹马行。"又如"一丘香芋暮秋凉,当得贫家谷一仓。到老莫嫌风味薄,自煨牛粪火炉香。"（《芋魁》）"久别倍思乡,吟情负草堂。饱谙尘世味,尤觉菜根香。自扫园中雪,谁怜鬓上霜。伤心娱老地,归梦叹青黄。"（《忆菜蔬小圃》）这种情愫,蚕丝一样直到老人晚年还延绵不绝,随着岁月的增长而愈加强烈。显然,这样的诗,如果不是将自己定位为"乡村成员"这样一个角色,是难以写得出的,它既非青藤、八大的人生感受,也不是用"冷逸"一路诗风可以传达的,恐怕正是石涛所说的"古之须眉不能生在我之面目,古之肺腑不能安入我之腹肠,我自发我之肺腑,揭我之须眉"的真谛之所在。

二、终老故园情

诗歌讲究的是情感,借物抒情,以启发人生,传达诗人对生活的爱,给人回味无穷的余地。齐白石热爱他的家乡,他的诗,表现最多的也是他怀乡的情感。

他57岁时离开家乡北上,离愁万端,在题为《避乱携眷北来》一诗中,他写道："不解吞声小阿长,携家北上太仓皇。回头有泪亲还在,咬定莲花是故乡。"表达他真实而强烈的恋乡之情。定居北京之后,老人更是写下不少诗篇,倾吐他从家乡农村出来后,置身于喧嚣浮躁的大都市,"夜不安眠""枕上愁余"的心中块垒。如"家园尚剩种花地,梨橘葡萄四角多。安得赶山鞭在手,一家花木过黄河。"（《燕京果盛,有怀小园》）"石榴子熟西风急,蔬菜根香秋雨凉。君返长沙逢老赵,为言白石苦思乡。"（《唐规严还长沙,请传语赵炎午》）"无计安排返故乡,移干就湿负高堂。强为北地风流客,寒夜孤灯砚一方。"（《题画一灯一砚》）"细看斯册感星塘,万壑千丘总断肠。山水无灵佐清福,老年衡岳变他乡。"（《题陈明明山水画册》）甚至当他听说老家后山的松树遭受了虫伤,也赋诗寄慨："松针食尽虫犹瘦,松子余生绿可哀。安得老天怜惜意,雨风雷电一齐来。"（《闻家山松因虫伤》）可见故乡的一草一木,都萦系在老人的心头。

白石老人一生乡心不泯，童年生活、亲人师友、故园风物等，是他灵感的不竭源泉，也是他总也写不够的题材。在那幅有名的《牧牛图》里，那位身着红衣白裤的赤足牧童，就是他自己童年生活的直接写照。其题画诗是："祖母闻铃心始欢（白石自注：璜幼时牧牛身系一铃，祖母闻铃声遂不复倚门矣），也曾捻角牧牛还。儿孙照样耕春雨，老对犁锄汗满颜。"既有对自己牧牛生活的回忆，对祖母日日盼孙儿早归的亲情表现，也寄托了他对仍在耕耘的儿孙的牵挂。又如《织纱图》题诗："山妻笑我负平生，世乱身衰重远行。年少厌闻难再得，葡萄荫下纺纱声。"写的是当年自己读书作诗，常嫌妻子的纺纱声干扰影响，如今远离亲人，再想听那声音也听不到了，其境历历在目，其情甚是怆然。再如他72岁时为门人罗祥止所画《教子图》，除以长题言及罗怪母严往事，"余亦有感焉"，并题绝句二首，其二曰："当年却怪非慈母，今日方知泣忆亲。我亦爷娘千载逝，因君图画更伤心。"和他为亲人所绘的其他作品中的题诗一样，充满了对母亲的深深情意。而他70岁作的《往

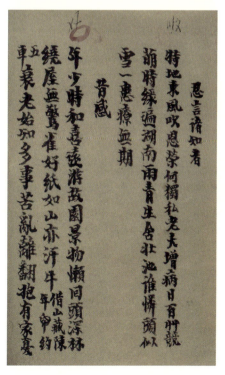

事示儿辈》："村书无角宿缘迟，廿七年华始有师。灯盏无油何害事，自烧松火读唐诗。"既是忆写自己少小时因家里贫穷，买不起灯油，以松柴当烛苦读诗书的情景，也是在示意儿辈要牢记安贫乐道、刻苦学习的家风。在《题小儿放学图》一类诗中，则又表现出他疼爱后代以及他那颗至死不泯的"童子心"："当真苦事要儿为，日日提箩阿母催。学得人间夫婿步，出如茧足返如飞。"小儿怕上学，出门时裹足不前，放学回家，则欢奔如飞，读来诙谐有趣，情味益然。对于当年的师长，齐白石深恩在怀，没齿难忘。胡沁园是最早教他画画、作诗的恩师，他曾写出好些怀念的诗文，如《看菊怀沁园师故宅》："青鬓乌丝来晚翁，年年佳日喜秋风。红云满地闲看菊，犹记停车谒沁公。"思恩之情，即见一斑。

三、峥嵘见傲骨

齐白石漫长的一生，经历了前清王朝、北洋政府、国民党政权、日寇占领和新中国等各个时期。作为一个有血有魂的艺术家，面对历史、社会的风云变幻和种种世相，他爱憎分明，清浊有自，表现出了他特有的傲骨。特别是他的爱国之情，在他的诗中屡有体现，让人们对他凸显在画境之外的赤子情怀刻骨铭心。

1917年至1933年，白石老人经历了避难离家到定居北京的十几年，饱尝了伤老、悲离、忧乱的痛楚，一改早期与自己性情相近的"轻朗闲淡"的诗风，变得沉郁激越、贴近现实，并且作品不少，也特别精彩。他用诗歌直接描绘了兵灾、劫掠、乱离的生活，抒写了他焦虑、痛苦、压抑的心境，如"七月玄蝉如败叶，六军金鼓类秋砧。飞车亲遇燕台战，满地弦歌故园心。"（《京师杂感》之四）"折腰靖节已堪伤，乞米昌黎可断肠。自古诗人穷不死，客居能敢傍阎王。"（《京师杂感》之十）"五洲一笑国非亡，同室之中作战场。稻稉邻犹关痛痒，城焚鱼亦及灾殃。下流不饮牛千古，自荐无惭士一长。四顾万方皆患难，诸君挥泪再思量。"（《谢袁煦山》）"天光黯黯雾漫漫，几处猖狂几处残。安得老萍能变化，化为长剑满湘南。"（《题宾曙东碉楼》之一）"一日飞车出帝京，衡湘何处著闲民。园荒狐已营巢穴，世变人偏识姓名。愁似草生删又长，盗如山密难铲平。三年深矣红梨树，北地非无杜宇声。"（《己未三客京华，闻湖南又有战事。将欲还家省亲，起程之时，有感而作》）"倚门望子老亲癯，燕市三年佳节无。今夜与君同看月，家山兵乱久无书。"（《中秋夜》）"对君斯册感当年，撞破金瓯国可怜。灯下再三挥泪看，中华无此整山川。"（《题友人冷庵（胡佩衡）画卷》），可谓极尽老人忧愤感时之慨，风神直追老杜。

在国难当头、民族危亡的时刻，老人大义凛然，葆守气节，坚决不与侵略者合作，在大门贴上纸条："白石老人心病复作，停止见客"，宣布"画不卖予官家"，拒领"配给煤"，并以"寿高不死羞为贼，不丑长安作饿饕"的诗句，表示宁可挨饿也不取媚于恶人丑类。以诗讽喻敌人的暴虐："群鼠，群鼠，何多如许！何闹如许！既啮我果，

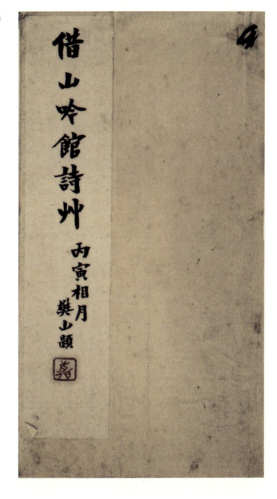

又剥我黍。烛灭灯残天欲曙，严冬已换五更鼓。"（《题群鼠图》）当他有感于官场的腐败时，以"不倒翁"作为象征性的形象，通过谐音、谐趣生发出来的讽刺意味，描绘那些赃官的丑恶形象，既来得有趣，又来得深刻："乌纱白帽俨然官，不倒原来泥半团。将汝忽然来打破，通身何处有心肝？"他以横行的螃蟹比喻横行无忌的侵略者；题《寒鸟图》诗，则寓有"精神尚未寒"的信念；而当他为人画《发财图》，选定以算盘为形象契机时，那种在"仁具"中包含的"欲人钱财而不施危险"的祸心，较之财神爷、衣帽、刀枪之类，是含蓄的，也是意味更加深长的，和《不倒翁》一样，是一种绝妙的漫画式思维。又如《钟馗搔背图》的题诗："不在下偏搔下，不在上偏搔上，汝在皮毛外，焉能知我痛痒？"说的

就不一定是挠痒痒这件事本身了。这就是白石老人的幽默，也是他在那个不能直接反抗的环境下表现出来的机智。

四、脱习铸别裁

白石的诗歌，明白如话，似谣似歌，语意显豁，毫不婉曲，饶有古歌民风的韵味，亦颇具古乐府的遗意，有言简意赅的神韵之妙。特别是他的题画诗，是他艺术生命中重要的一部分，诗画结合，画有题诗，诗为题画，画由题诗而旨意更鲜明，诗由画意而深刻隽永、情味更浓，充分体现了中国绘画的诗情画意相得益彰的优良传统，加之鲜明生动的形象和真情实感，最能在读者心中产生共鸣。由于他的诗都是有感而发，直抒胸臆，当他写到开心处，可以听到他的笑声，写到悲苦时，可以触摸到他的疼痛，见到血丝，也就极见老人的人格品性。

在白石老人看来，较之于书画印等艺术形式，诗歌更能得心应手，更能贴近他的心声。在他的诗句里，可以明志，可以言情，可以慷慨，可以笑骂。他也很善于在极平常、普通的生活中捕捉妙趣盎然的镜头。如："网干酒罢，洗脚上床，休管他门外有斜阳。"（《画晒网图题长短句》）画中无人，题诗里却有人；夕阳疏柳、泊舟晒网是渔民的生活写照，还是不涉外事、洁身自好的齐白石自己的人生哲学？老人没说，也不会说，权且留给欣赏者自己去判断。一幅荷塘水景，因为题写了"少时戏语总难忘，欲构凉窗坐板塘。难得那人含约笑，隔年消息听荷香"这首诗，从而改变了这幅画的意趣。和少年齐白石相约的是怎样的一位佳人？画里没有，诗里也没有点明，这好像并不重要；有意味的是，他已把观众和他自己一起带入了美好的追忆之中。末句明明应是"隔年荷香听消息"，而他偏偏说"隔年消息听荷香"，使人想起他为友人所绘《紫藤》题写的"与君挂在高堂上，好听漫天紫香雪"；或想起他应老舍之请所画的《蛙声十里出山泉》，只画蝌蚪不直接表现蛙鸣的妙构，这里都有一些中国诗歌的妙处，是谓画外画、味外味吧。而这些画外画、味外味的思维，又是那么朴实，那么纯真，那么幽默，那么智慧。足见在白石老人的大脑里，既有文人艺术的高妙，又有民间艺术的朴华，在文人的思维中多了些泥土的芳香，在民间艺术的思维中又多了些翰墨文思。

他的思维，即是民间艺术和文人艺术化合后升华的智慧海洋。

任何一门学科之所以能够成立并流传，是因为它的基本法则和规范。但在艺术上，墨守成规的结果常导致亦步亦趋，只思创新的结果常导致毫无根基。白石老人在上述两方面的平衡上，处理得非常之好。世人多以他不守格律为诟病，但当我们静下心来欣赏老人的诗时，明显见出，老人写诗，不作无病呻吟，反对死板无生气的东西，不愿像小脚女人一样扭捏作态，既循规守矩，又不受传统诗律束缚，外淡内真，俗中蕴雅，没有半点自矜，与他的画风一致，具有个性鲜明的"齐家样"。在他的诗中，有大俗的白话，也不乏大雅的含蓄；有精微的玄妙，也不乏撼地的霸气；有僻远的用典，也不乏横生的妙趣。不妨来看看老人的几首诗："青天任意发春风，吹白人头顷刻工。瓜土桑阴俱似旧，无人唤我作儿童。"（《题种瓜》）"吟声不断出帘栊，斯世犹能有此翁。画里贫居足夸耀，屋前犹有旧邻松。"（《题借山图》）"仙人见我手曾摇，怪我尘情尚未消。马上惯为山写照，三峰如削笔如刀。"（《画华岳图题句》）"晨起推开南向窗，春晴风暖日初长。传闻舍北藤萝发，追得花魂上纸香。"（《画藤萝》）诗中是否缺少丰富的想象

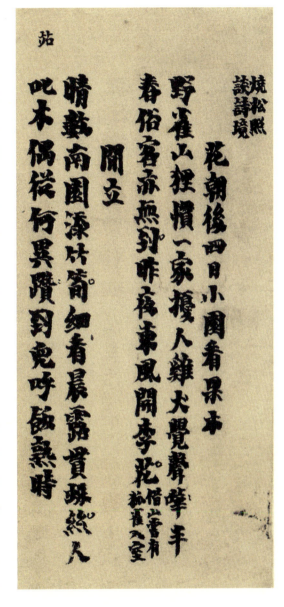

力和浪漫的情思，缺少意境或没有守格律？

五、百载有公论

白石老人少时家贫，只念过短时期的村塾，但自幼背诵古诗，稍长跟朋友唱和，组织诗社时还被公推为社长。他20多岁拜乡贤胡沁园、陈少蕃为师，30多岁拜湖南名士王湘绮为师，自此诗艺大进。但老人所取得的巨大艺术成就中，最有争议的却是他的诗歌。他的老师王湘绮就曾批评他的作品像《红楼梦》里"呆霸王"薛蟠的"打油体"。还有人嘲讽他出身卑微，作诗"土气"，"登不得大雅之堂"，等等。然而老人对自己的诗则情有独钟，并相当自信甚至自负，认为诗作高于自己的书画印。他曾自称："我诗第一，印第二，字第三，画第四。"并作诗言道："雕虫岂易世都知，百载公论自有期。我到九原无愧色，诗名未播画名低。"（《门人画得其门径，喜题归之诗二首之一》）在《白石老人自述》中，记载了老人这样一段话："我的诗，写我心里想说的话。本不求工，更无意学唐宋，骂我的人固然多，夸我的人也不少。从来毁誉是非，并时难下定论，等到百年以后，评好评坏，也许有个公道。"及至1956年，他为黎锦熙、齐良已合编的《齐白石作品选集》写的自序中，亦言道："国内外竞言齐白石画，予不知其究何所取也。印与诗，则知之者稍稀。予不知知之者之为真知否？不知者之有可知者否？将以问之天下后世。"可见他对自己的诗是看得很重的，既非矫饰，更非作秀。

其实无须百年之后，白石老人在世及至今天，充分肯定或给予高度赞誉者一直不在少数。早在1917年，诗人樊樊山在为老人《借山吟馆诗草》所写的序言中，便褒奖他的诗"意中有意，味外有味"。与白石老人"友兼师"的王仲言在《白石诗草二集》跋文中，也说他那时（20世纪20—30年代）的诗"有东坡放翁之旷达，无义山长吉之苦吟"，又说他"题画之作独多，然皆生面别开，自抒怀抱，不仅为虫鱼花鸟绘影绘声而已。"胡适在为胡（适）、黎（锦熙）、邓（广铭）编《齐白石年谱》写的按语中，更是针对王湘绮的评语予以尖锐批评："白石虽拜在湘绮门下，但他的性情与身世都使他学不会王湘绮那一套假古董，所以白石的诗与文都没有中他的毒。"并说老人"没有做过八股文，也没有做过古文骈文，所以他的散文记事,用的字,造的句,往往是旧式古文骈文的作者不敢做或不能做的!"虽然胡适这里说的是白石的文章,用来说他的诗歌,也不为过。

黎锦熙、瞿兑之、艾青等一批慧眼高人,对白石老人的诗歌也先后做出切中肯綮的精辟评价。黎锦熙说:"白石自诩能诗,且谓诗优于画。他生前的老朋友们多不同意他这个意见,说他诗中用词造句常有欠妥之处,又爱把口头语入诗。其实,他对于旧体诗的写作基础是打得扎扎实实的。中年以后意境渐高,要在词句间讲求简练,又常运用口头语来发挥他的创造性,都不为古典作家偏重规格和爱弄辞藻所害。"(《齐白石的诗》,见《齐白石作品集·第三集·诗》)瞿兑之说:"以余观之,其诗清矫,近得明人神髓,远含郊、岛意味,即在诗人中亦当占一重要位置。盖与湘绮虽面目迥异,而取径高卓,不随流俗则同。工诗者固多,而摆脱诗家一切习气乃至难。此真所谓诗有别裁,非关学也。"(《齐白石翁画语录》,《古今》1943年11月)艾青说:"我特别喜欢他的诗,生活气息浓,有一种朴素的美。"(《忆白石老人》,《白石老人自述·附录》)白石老人曾在画上题诗:"苦把流光换画禅,功夫深处渐天然。"借用"功夫深处渐天然"来评价他的诗,窃以为同样准确、恰当。

白石老人一生热爱生活,热爱艺术,热爱人生。始终贯穿和充盈于白石诗歌的主线,是普通劳动者最真挚、最朴素的感情,是真善美的人性。人文精神的关照遍布在他各个时期的作品中,即使是秋霜枫林也萦绕着生命的氤氲。他一生在诗上所下的功夫丝毫不比画少,其勤奋刻苦他人难以体会。老人一生作画3万余幅,写诗3000多首,作画或为"稻粱谋",写诗则没有一点功利心。他本质是一位诗人,有一颗诗心,他对写诗的爱好贯穿终生。齐白石活在他的画里,也活在他的书里、印里,活在他的诗里。

作者简介

刘剑桦,1947年出生,作家、诗人、艺术评论家,齐白石纪念馆特聘研究员。

白石诗话四题

文 鸣

第一首诗

《咏牡丹》系齐白石的处女诗作。1889 年春，齐白石的老师胡沁园邀集诗会同人，在其湘潭韶塘"藕花吟馆"家中赏花赋诗。时年 27 岁的齐白石应邀与会，作《咏牡丹》诗。胡沁园称赞该诗后两句"莫羡牡丹称富贵，却输梨橘有余甘。""意境好，有寄托。十三覃的甘字韵押得很稳"。王仲言在《白石诗草跋》中记道："山人天才颖悟，不学而能。一诗既成，同辈皆惊，以为不可及。"齐氏此诗以迥异于文人雅士们"国色天香"的思路，以朴素的农民情感，抑牡丹的富贵，赞梨橘的余甘，令人耳目一新。但该诗并未收入齐氏诗集，且大多文章仅提及该诗的后两句。1996 年湖南美术出版社出版的《齐白石全集》中以"题牡丹"为题收入该诗后两句。那么是否有《咏牡丹》的完整版本呢？经笔者广泛搜集，全诗仅见于花山文艺出版社 1987 年出版的《齐白石轶事》一书，作者系田冰、春寒。全诗内容为："汗荡尘埃起白烟。苦修绝技巧夸天。莫羡牡丹称富贵，却输梨橘有余甘。"全诗二、三句失粘，平仄失误，声韵不相粘。作为初学诗者，出现这种错误亦属正常。但该诗前两句出处不明，且前两句为一先韵，末句为十三覃韵，这与胡公"十三覃的甘字韵押得很稳"评语不符，故后人添加的可能性较大。至于该诗当初为何没有收入齐氏诗集，只有一种可能：白石不满意该诗前两句因而弃用。

不倒翁的贬与褒

　　齐白石关于不倒翁的七绝共有五首之多，内容大同小异。其中以"乌纱白扇俨然官。不倒原来泥半团。将汝忽然来打破，通身何处有心肝？！"最为大家喜爱。此诗乃1922年3月齐白石在长沙时作的一首题画诗。1925年题《不倒翁》画款："秋扇摇摇两面白，官袍楚楚通身黑。笑君不肯打倒来，自信胸中无点墨。往余在南岳庙前，以三钱买得不倒翁与儿嬉。大儿以为巧物，语余远游时携至长安作模样，供诸小儿之需。不知此物，天下无处不有也。三百石印富翁又记。居京九年，前十日重阳。"齐白石耳闻目睹官僚对普通百姓的残酷剥削与欺压，对上司百般奉承和献媚，这些人虽然胸无点墨，却是官职在身，作威作福，对此白石非

常痛恨鄙视，于是他把街旁摊子上小丑模样的不倒翁玩具，搬上了画面。并题上此诗。一般说来，讽刺社会现实，不是国画这门艺术所长，但是一经题上这样幽默、讽刺的诗文，却收到了漫画的效果。作者拿不倒翁来比喻旧时的官僚，"通身何处有心肝"真是入木三分。不过，齐白石在其《己未杂记》中对不倒翁却另有评价："余喜此翁，虽有眼耳鼻身，却胸内皆空，既无争权夺利之心，又无意造作技能以愚人，故清空之气，上养其身，泥渣下重，其体上轻下重，虽摇动，是不可倒也。"如此看来，因心绪变化对同一事物会产生见仁见智的不同结果，乃辩证之趣也。

亦师亦友王仲言

1935 年齐白石回湘，仅在茹家冲住了三天。王仲言与齐白石挑灯夜话。王为此拟七绝四首云："白石自都回湘，不见已十二年矣，挑灯话旧，喜而有作。"

> 帝里归来劫后身，须眉如雪鬓如银。
> 孙曾借问翁奚自，笑煞闺中白发人。

> 山桃溪杏手亲栽，别后怀思日几回。
> 久客乍归先问讯，春来曾否见花开？

> 猿鹤山中喜远归，交鸣直到日斜晖。
> 市朝更变张原换，还幸人民未尽非。

> 酒狂故态尚依然，偻指乖违十五年。
> 今日挑灯重话旧，掀髯一笑各华颠。

1938 年王病逝，此会遂成永别。王仲言小白石三岁，名训，号退园。不善词令，耻事逢迎，擅诗文，为当地名儒。著名语言学家黎锦熙就是他的学生。当年齐白石在黎松庵家做木工，正值王仲言在黎家任塾师开馆，黎锦熙年方 4 岁，拜完孔夫子后，人矮上不去书桌，还是白石抱上去的。此后黎松庵经常让齐白石与黎锦熙一起就读。齐白石1894年借湘潭五龙山大杰寺为址成立龙山诗社，被推为首任社长，为纪念此事特绘有《龙山七子图》。龙山七子为：齐白石、王仲言、罗真吾、罗醒吾、陈茯根、谭子荃、胡立三。齐白石当社长，并非当时他的诗写得最好，而是因为他年龄最长。其中齐白石与王仲言可谓亦师亦友。齐王两家相距约十五华里，同为湘潭晓霞山人。仲言以大女儿许字白石次子子仁，结成儿女亲家。《白石诗草》共八卷，此诗集经樊增祥选定，又经王仲言重选，最后由黎锦熙校改删定，一共有754首。故有白石诗云："廿年绝句三千首，却被樊王选在兹。"齐王两人的深情厚谊可从王仲言《退园诗草》中窥见一斑，其中与齐白石唱酬、感怀、送别之作达70余首。齐白石作《王仲言次韵丁德华避兵诗书后》二首：

> 雄豪诗句易惊人，淡远怜君几苦勤。
>
> 水面行风机上锦。天公人力自成文。

> 有明七子笑吾群，老矣堆胸万斛尘。
>
> 赖有王郎诗播世，龙山不谓绝无人。

丁德华，身世不详，一说吟江富户女子。工诗书，与王、齐交往已久。为避兵匪乱而居僻地。齐白石对王仲言的为人处世、道德文章，十分推崇。其日记曰："凡蜕公与余书，无论破纸断笺，儿孙须裱褙成册，以作规模也。"当齐白石得知王仲言诸友噩耗，挥泪作诗《闻王仲言、黎雨民、罗醒吾数日内先后辞世，哭之》：

> 乡书盼到半年迟，闻道浮家泪正垂。
>
> 复到故人都得讣，孤灯欲灭冷风吹。

年代正误

齐白石有一首著名的爱国诗《题友人冷庵画卷》，诗曰："对君斯册感当年。撞破金瓯事可怜。灯下再三挥泪看，中华无此整山川。"《白石老人自传》谓此诗写于1944年。著名画家刘海粟尤其欣赏该诗，认为"齐白石的题画诗中，我最爱抗日战争时写的两句：'灯下再三挥泪看，中华无此整山川。'爱国之情，溢于言表，这样的诗也应当挥泪看的。"然而，当事人胡佩衡（冷庵）于1957年白石逝世后，在其《伟大的人民画家齐白石》一文中，在时间上对此诗进行了订正。胡文认为：1917年，正是辛亥革命以后，军阀混战、内乱外患、民不安生的年代。当时，白石为避兵匪侵扰，躲在紫荆山下草莽之中，深深地体验到人民的疾苦。之后，"老人为了避乡乱来到北京，寄居在宣武门外的法源寺，在这样民不聊生的环境下，老人非常激动愤慨，关心国家大事。1926年，老人见我画了一幅祖国山川风景长卷，感慨地题上了绝句。当时，他把国家比作'金瓯'，他为国家的破碎而流泪，充分表现了热爱祖国的思想。"依据白石手迹，该诗后有跋云："读冷庵先生画卷题后，丙寅璜"。丙寅恰为1926年，可见人多引此诗说明齐白石在沦陷时期的忧愤，皆误。但诗中白石忧国忧民的赤子之心的确催人泪下，说明先生绝非两耳不闻窗外事的画家。

作者简介：

文鸣，副研究馆员。《齐白石辞典》副主编。

稿 约

　　《大匠之门·齐白石研究》系湘潭齐白石纪念馆于 2004 年创办的以齐白石研究为主要内容的学术丛刊。从 2016 年起，齐白石纪念馆成立研究部，以弘扬齐白石艺术精神、提升齐白石研究学术品质为宗旨，决定对本刊进行提质改版，由湖南人民出版社公开出版。

　　齐白石纪念馆是齐白石家乡湘潭市人民政府在编的法人单位，同时也是对齐白石艺术生平进行全面研究和陈列的重要学术机构。《大匠之门·齐白石研究》涉及齐白石艺术生平的方方面面，同时侧重齐白石前半生以及与湖湘文化的渊源研究。为此，我们诚挚邀请您为本刊赐稿，稿件一经刊用，即呈样书及稿酬，优稿优酬。为保证本刊的学术品质，稿件要求为原创文章，未曾公开发表。

　　来稿请寄《大匠之门·齐白石研究》编辑部。

　　邮箱：3506839388@qq.com

　　电话：0731-58623893 地址：湖南省湘潭市雨湖区大湖路 2 号

　　邮编：411100

　　网址：http://www.qibaishi.org.cn

《大匠之门·齐白石研究》学术论文格式要求

1. 前置部分

题目：直接揭示论文主题。（居中，二号黑体）

作者：姓名。（居中，四号宋体）

摘要（四号黑体）：200 字左右。内容包括目的、方法、结果、结论四要素。以第三人称撰写，不得出现"本文""作者"等词。应有独立性，不重复题目，给出文中主要信息、关键步骤或数据。（四号楷体）

关键词（4 号黑体）：3-6 个，按主次顺序排列，词间用分号，结尾无标点。（四号楷体）

2. 主体部分

引言：简要回顾本文所涉及问题的研究历史，近三年的研究成果，需引用参考文献。论文要解决的问题，本研究中所采用的方法和技术手段等。（四号宋体）

正文：论题、论据、论证、结论（目的、方法、结果）。要求观点明确，逻辑严谨清晰，文字简洁顺畅。行文尽量避免口语，宜书面语。（四号宋体）

一级标题：一、（四号黑体）

二级标题：1.（四号宋体加粗）

三级标题：（1）（四号宋体加粗）

结语。（四号宋体）

文章中独立成段的引文。（四号楷体）

参考文献（五号黑体）：必须是公开发表的、文章中直接引用的。著录项目要齐全。格式如下：（尾注，正文后空一行，五号楷体）

标注方式：［1］，［2］……

引用著作：

主要著作责任者，书名，出版地，出版者，出版年，起止页码。

例：［1］郎绍君、郭天民主编：《齐白石全集》（第七卷），长沙：湖南美术出版社，1996 年版，第 22 页。

引用连续出版物：

著者，篇（题）名，刊名，出版年，卷号（期号），起止页码。

例：［12］吕晓：《齐白石的收藏、信札、遗物及其他》，《中国书画》2011 年第 3 期，第 38–57 页。

3. 图片

艺术作品和照片是艺术论文的重要组成部分，请提供精度较高的图片，并附注基本信息等。例：延年益寿图　齐白石　纸白　没色　103cm×34cm　1948 年齐白石纪念馆藏。

艺术作品需提供下列信息：作品名称、作者姓名、材料、画种、尺寸、年代、收藏者等。

图片需提供下列信息：照片内容说明、拍摄者、年代、收藏者等。例：1951 年齐白石与姚石倩、张冠英夫妇合影。

作者简介：

200 字以内。姓名（女性可标明性别）、单位职称或职务、主要社会职务、主要学术成就。（尾注后空一行，五号楷体）

（联系方式：电话号码、电子邮箱、通信地址）（五号楷体）

《大匠之门·齐白石研究》编辑部

2018 年 12 月

图书在版编目(CIP)数据

大匠之门:齐白石研究.第十辑 / 湘潭市齐白石纪念馆编著. —长沙:湖南人民出版社,2019.6

ISBN 978-7-5561-2230-1

Ⅰ.①大… Ⅱ.①湘… Ⅲ.①齐白石(1863—1957)—人物研究 Ⅳ.①K825.72

中国版本图书馆CIP数据核字(2019)第099109号

DAJIANG ZHI MEN QI BAISHI YANJIU DI—SHIJI

大匠之门·齐白石研究(第十辑)

编 著 者	湘潭市齐白石纪念馆
责任编辑	曹伟明
装帧设计	王志奇

出版发行	湖南人民出版社 [http://www.hnppp.com]
地 址	长沙市营盘东路3号
邮 编	410005
经 销	湖南省新华书店

印 刷	湖南金太阳印刷有限公司
版 次	2019年6月第1版
	2019年6月第1次印刷
开 本	787 mm × 1092 mm 1/16
印 张	13.5
字 数	205千字
书 号	ISBN 978-7-5561-2230-1
定 价	68.00元

营销电话:0731-82683348 (如发现印装质量问题请与出版社调换)